공부머리 좋아지는 수학 퍼즐 2

임용식 지음

이지북
EZbook

머리말

신기하고 재미있는
수학 퍼즐의 세계로 떠나요

우리 주변에는 수학과 관련된 것들이 아주 많아요. 길가에 구르는 돌멩이도, 맛있는 피자도 수학으로 설명할 수 있답니다. 이처럼 수학은 우리 생활과 밀접한 관계가 있지요.

수학이 어렵고 지루하다고 생각하세요? 그렇다면 걱정하지 마세요. 바로 이 책이 여러분의 고민을 말끔히 없애 줄 거예요. 재미있는 퍼즐 놀이로 즐겁게 수학 공부를 할 수 있으니까요. 이 책은 쉬운 퍼즐과 퀴즈부터 시작하여 조금씩 더 어려운 퍼즐과 퀴즈를 풀 수 있도록 되어 있어요. 처음부터 하나하나 풀어 나가다 보면 전혀 어렵지 않아요. 오히려 너무 재미있어서 자꾸 퍼즐을 풀고 싶어진답니다.

책을 펼쳐 보세요. 귀여운 캐릭터에 눈길이 자꾸 가지요? 그러면 이번에는 퍼즐을 풀어 보세요. 아주 쉬울 거예요. 이제 페이지를 넘겨 보세요. 약간 어려운가요? 걱정하지 마세요. 차례대로 풀어 왔다면 쉽게 풀어 나갈 수 있을 거예요. 모르는 문제가 있다고 해도 괜찮아요. 재미있어 보이는 문제부터 풀어도 됩니다. 이 책에 나오는 수학 퍼즐과 융합 사고력 퀴즈 120개는 우리 주변에서 일어날 수 있는 일들을 소재로 만든 퀴즈들이에요.

그리고 문제 중간 중간에 삽입된 '교과서 따라잡기'를 통해 '2015 개정 수학 교육과정'을 설명했습니다. 퍼즐 문제를 풀면서 교과서 안의 연산이나 도형 개념이 좀 더 이해되도록 구성했답니다.

이렇게 수학 퍼즐과 퀴즈를 풀다 보면 수학 연산 능력, 사고력, 창의력, 논리력이 쑥쑥 자라게 될 거예요. 친구들과 함께 이 책을 풀면서 재미있게 놀 수도 있어요. 수학은 절대로 지루하고 어려운 것이 아니라, 세상에서 최고로 재미있는 것이랍니다! 자, 이제부터 즐거운 수학 퍼즐의 세계로 들어가 볼까요? 신기하고 재미있는 일들이 기다리고 있답니다.

임용식

이렇게 읽어요!

호기심과 탐구 욕구를 일으키는 수학 퍼즐

어느 수학자는 "수학은 조각처럼 엄격하고 냉엄한 최고의 미를 가지고 있다."라고 말했습니다. 수학 퍼즐에서 보여 주는 '수'의 배열과 배치도 이와 같은 아름다움을 지니고 있으며, 수학자들의 관심을 끌어 왔습니다. 수학 퍼즐의 목적은 어린이들에게 호기심과 탐구 욕구를 일으키는 인지적 자극을 줌으로써 학습 동기를 유발하고, 수학에 흥미를 갖게 하는 데 있습니다.

능동적으로 참여하는 흥미 있는 놀이

이 책은 어린이 스스로가 능동적으로 참여하고, 다양한 방식으로 학습할 수 있도록 구성되었습니다. 수학 퍼즐은 어린이들에게 수학에 대한 관심을 불러일으키는 오락이자 게임으로 출발하여, 흥미와 호기심 속에서 공부할 수 있게 한 창의적인 프로그램입니다.

수학적 사고력과 응용력을 키워 주는 신기한 수학 놀이

첫째, 퍼즐 형식의 숫자 놀이를 통해 수학에 흥미를 갖도록 유도합니다.

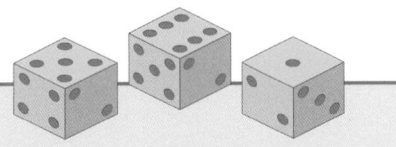

    둘째, 어린이들의 흥미, 적성, 요구 등을 고려한 학습 내용을 다양하게 제공합니다.

    셋째, 어린이들의 사고력, 창의력, 감수성, 자율성 등에 비중을 두고 꾸몄습니다.

    넷째, 수준별, 단계별로 구성되어 있어 학부모나 교사의 힘에 의존하지 않고 어린이 스스로 놀이하듯이 학습할 수 있습니다.

    다섯째, 암기 주입식, 기계적 문제 풀이에서 벗어난 재미있는 수학 놀이를 통해 창의력과 상상력을 키워 줍니다.

    여섯째, 획일성, 경직성에서 탈피하여 논리적으로 생각하는 습관을 자연스럽게 터득하도록 도와줍니다.

    일곱째, 어떤 사실을 다양한 방식으로 적용하는 수학적 사고력, 응용력을 길러 줍니다.

    여덟째, 숫자 놀이 외에 칠교 놀이, 펜토미노 등 수학에 흥미를 느낄 수 있는 다양한 형태의 놀이로 수학을 즐기면서 학습할 수 있습니다.

차례

머리말 4
이렇게 읽어요! 6

1부 생각이 쑥쑥 자라는 수학 퍼즐

문제 1 ~ 문제 20   10
교과서 따라잡기 여러 가지 도형   30
문제 21 ~ 문제 40   34
교과서 따라잡기 평면도형   54
문제 41 ~ 문제 60   58
교과서 따라잡기 각도   78

2부 머리가 좋아지는 융합 사고력 퀴즈

문제 1 ~ 문제 20   84
교과서 따라잡기 삼각형과 사각형의 종류   104
문제 21 ~ 문제 40   108
교과서 따라잡기 도형의 넓이   128
문제 41 ~ 문제 60   132
교과서 따라잡기 입체도형과 전개도   152

수학 퍼즐 정답   156
융합 사고력 퀴즈 정답   166
교과서 따라잡기 정답   177
부록 – 칠교 조각

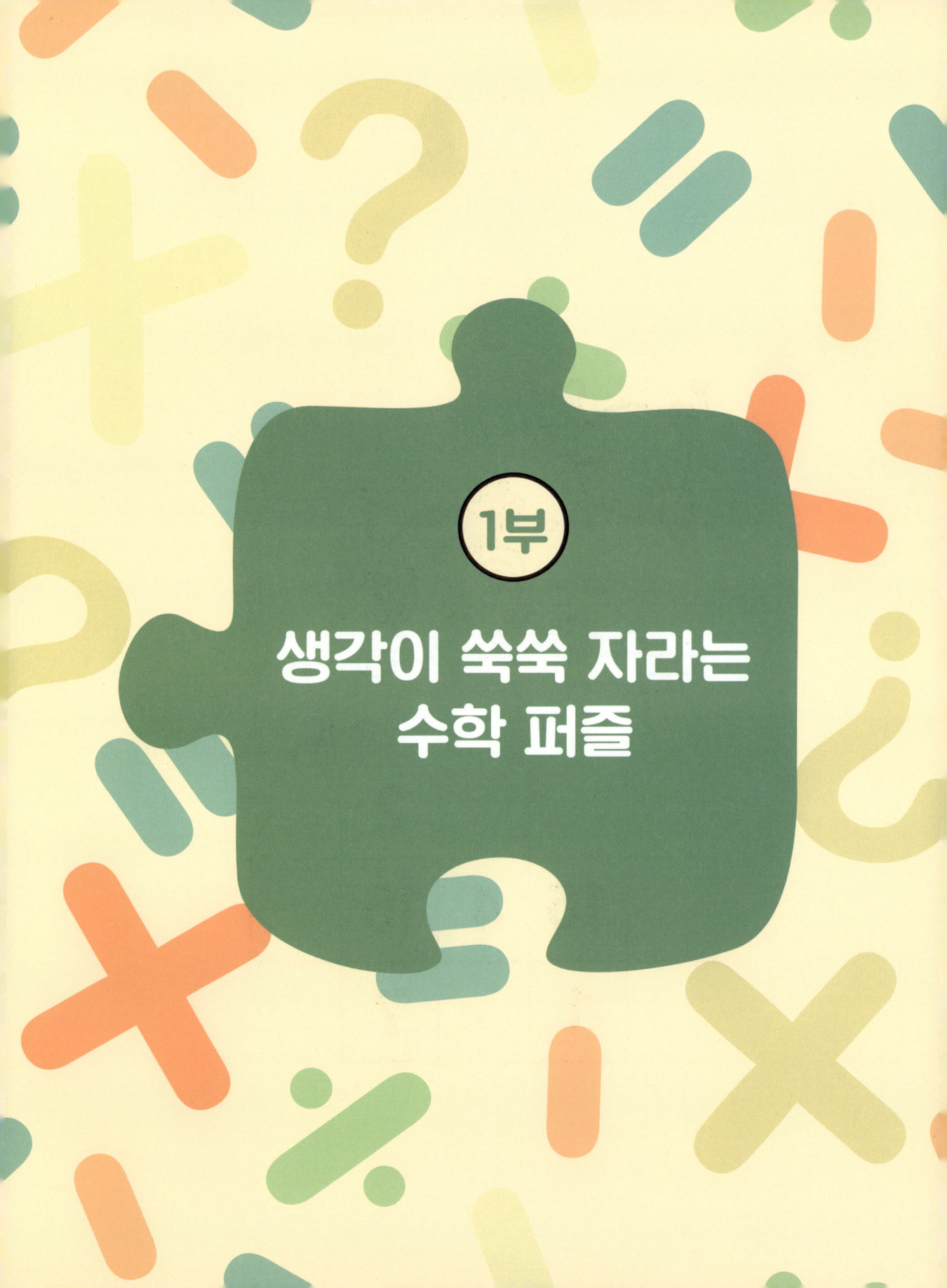

01

1부터 7까지의 수를 한 번씩 사용해서 십자형의 바깥 네 수의 합이 각각 16이 되도록 알맞은 수를 넣어 보세요.(┼을 십자형이라고 합니다.)

02

1부터 7까지의 수를 한 번씩 사용해서 작은 삼각형 위의 수의 합이 16이 되도록 알맞은 수를 넣어 보세요.

03

2부터 11까지의 수를 한 번씩 사용해서 양쪽 끝에 있는 원 안의 수의 합이 15, 가운데 원 안의 수의 합이 16이 되도록 알맞은 수를 넣어 보세요.

04

1부터 9까지의 수를 한 번씩 사용해서 각 선 위의 수의 합이 17이 되도록 알맞은 수를 넣어 보세요.

05

1부터 10까지의 수를 한 번씩 사용해서 각 삼각형 위의 수의 합이 17이 되도록 알맞은 수를 넣어 보세요.

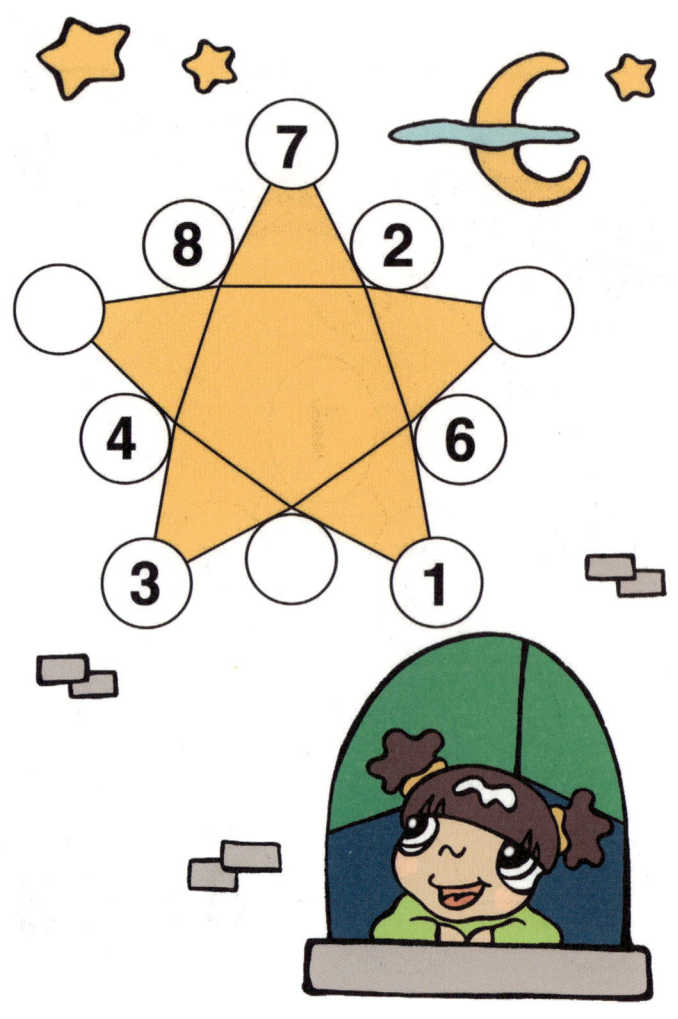

06

1부터 7까지의 수를 한 번씩 사용해서 각 원 안의 수의 합이 18이 되도록 알맞은 수를 넣어 보세요.

1부터 8까지의 수를 한 번씩 사용해서 정사각형의 네 꼭지점의 수의 합이 각각 18이 되도록 알맞은 수를 넣어 보세요.

08

2부터 10까지의 수를 한 번씩 사용해서 좌우에 있는 세로 선 위의 수의 합이 각각 18, 밑변 위의 수의 합이 19가 되도록 알맞은 수를 넣어 보세요.

09

3부터 12까지의 수를 한 번씩 사용해서 양쪽 끝에 있는 원 안의 수의 합이 17, 가운데 원 안의 수의 합이 19가 되도록 알맞은 수를 넣어 보세요.

1부터 9까지의 수를 한 번씩 사용해서 가로, 세로, 대각선의 세 수의 합이 네모 칸 밖의 수가 되도록 알맞은 수를 넣어 보세요.

1부터 9까지의 수를 한 번씩 사용해서 가로, 세로, 대각선의 세 수의 합이 네모 칸 밖의 수가 되도록 알맞은 수를 넣어 보세요.

1부터 9까지의 수를 한 번씩 사용해서 가로, 세로, 대각선의 세 수의 합이 네모 칸 밖의 수가 되도록 알맞은 수를 넣어 보세요.

1부터 9까지의 수를 한 번씩 사용해서 가로, 세로, 대각선의 세 수의 합이 네모 칸 밖의 수가 되도록 알맞은 수를 넣어 보세요.

14

2부터 10까지의 수를 한 번씩 사용하여 큰 삼각형 각 변의 수의 합이 우변(오른쪽 선) 14, 좌변(왼쪽 선) 15, 밑변(아래쪽 선) 16이 되도록 알맞은 수를 넣어 보세요.

1부터 9까지의 수를 한 번씩 사용하여 큰 삼각형 각 변의 숫자의 합이 좌변 14, 우변 15, 밑변 21이 되도록 알맞은 수를 넣어 보세요.

16

원 3개가 만나도록 하고 그 만난 점에 1부터 6까지의 수를 한 번씩 사용해서 원 주위의 수의 합이 각각 14, 점선 위의 수의 합이 각각 7이 되도록 알맞은 수를 넣어 보세요.

17

1부터 15까지의 수를 한 번씩 사용해서 선 위의 수의 합이 18이 되도록 알맞은 수를 넣어 보세요.

18

2부터 11까지의 수를 한 번씩 사용해서 각 삼각형 주변의 수의 합이 20이 되도록 알맞은 수를 넣어 보세요.

19

1부터 9까지 수를 한 번씩 사용해서 각 작은 삼각형 위의 수의 합이 21이 되도록 알맞은 수를 넣어 보세요.

20

3부터 11까지의 수를 한 번씩만 사용해서 각 작은 삼각형 위의 수의 합이 21이 되도록 알맞은 수를 넣어 보세요.

여러 가지 도형

1. 원 알아보기

위와 같은 모양을 원이라고 합니다. 우리 주변에서는 동전, 병뚜껑, 자동차의 바퀴 등에서 원 모양을 찾아볼 수 있습니다.

● 그 외, 어떤 것에서 원 모양을 찾을 수 있을까요?

---

2. 원의 특징 알아보기

① 뾰족한 부분이 없습니다.
② 곧게 뻗은 선이 없고, 굽은 선으로만 이루어져 있습니다.
③ 길쭉하거나 찌그러지지 않고, 어느 방향에서 봐도 똑같은 동그란 모양입니다.
④ 크기는 다를 수 있어도 모양은 서로 같습니다.

3. 삼각형과 사각형 알아보기

위와 같은 모양을 삼각형, 사각형이라고 합니다. 우리 주변에서는 옷걸이, 삼각김밥 등에서 삼각형을 볼 수 있고, 텔레비전, 책상, 건물 등에서 사각형을 볼 수 있습니다.

● 그 외, 어떤 것에서 삼각형과 사각형 모양을 찾을 수 있을까요?

4. 삼각형, 사각형을 이루고 있는 것

- 변 : 도형을 감싸고 있는 곧은 선을 변이라고 합니다.
- 꼭짓점 : 두 선이 만나는 점을 꼭짓점이라고 합니다.
- 삼각형의 변과 꼭짓점은 3개, 사각형의 변과 꼭짓점은 4개입니다.

5. 오각형과 육각형 알아보기

위와 같은 모양을 오각형, 육각형이라고 합니다. 우리 주변에서는 축구공에서 오각형과 육각형을 한 번에 찾아볼 수 있답니다.

● 그 외, 어떤 것에서 오각형과 육각형 모양을 찾을 수 있을까요?

6. 칠교 조각으로 다양한 모양 만들기

칠교는 다양한 모양의 7가지 조각으로 구성된 도형 퍼즐입니다. 칠교조각을 이용해 도형을 만드는 연습을 해봅시다.
① 조각 2개를 이용해 삼각형 만들기
② 조각 3개를 이용해 삼각형과 사각형 만들기
③ 조각 4개를 이용해 삼각형과 사각형 만들기

7. 쌓기나무 개수 세기

쌓기나무를 셀 때에는 숨겨진 나무 블록을 상상하여 전체 개수를 계산해야 합니다. 몇 가지 연습을 해 봅시다.
● 아래의 쌓기나무는 몇 개의 블록으로 이루어져 있을까요?

십자형 바깥의 네 수의 합이 모두 22가 되도록 알맞은 수를 넣어 보세요.

22

1부터 9까지의 수를 한 번씩 사용해서 삼각형의 각 변 위의 수의 합이 23이 되도록 알맞은 수를 넣어 보세요.

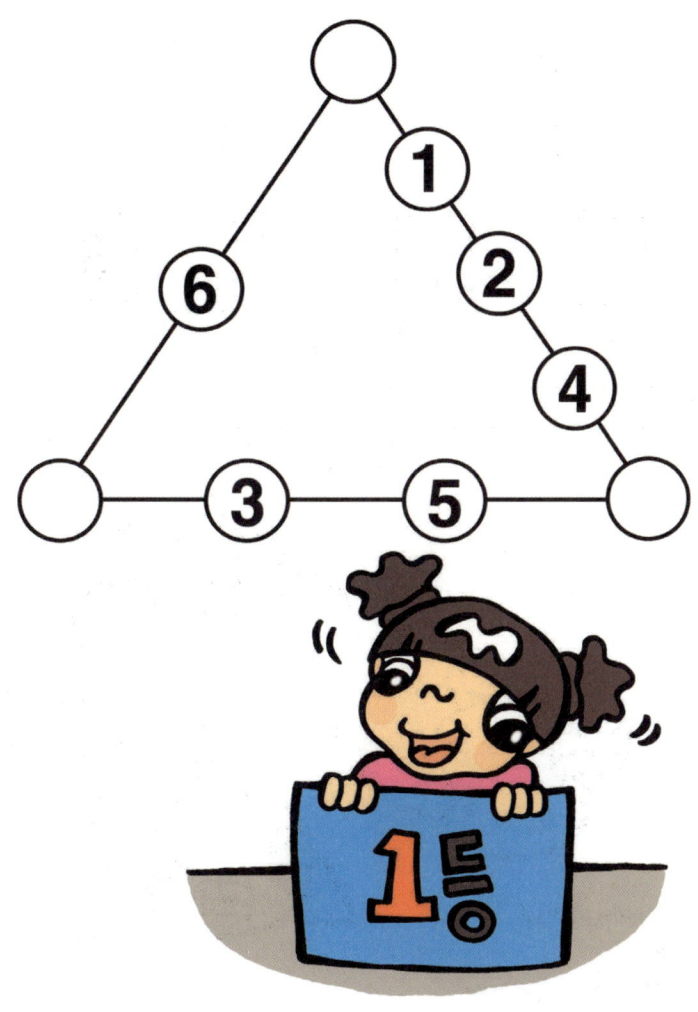

23

1부터 9까지의 수를 한 번씩 사용해서 각 삼각형 위의 수의 합이 23이 되도록 알맞은 수를 넣어 보세요.

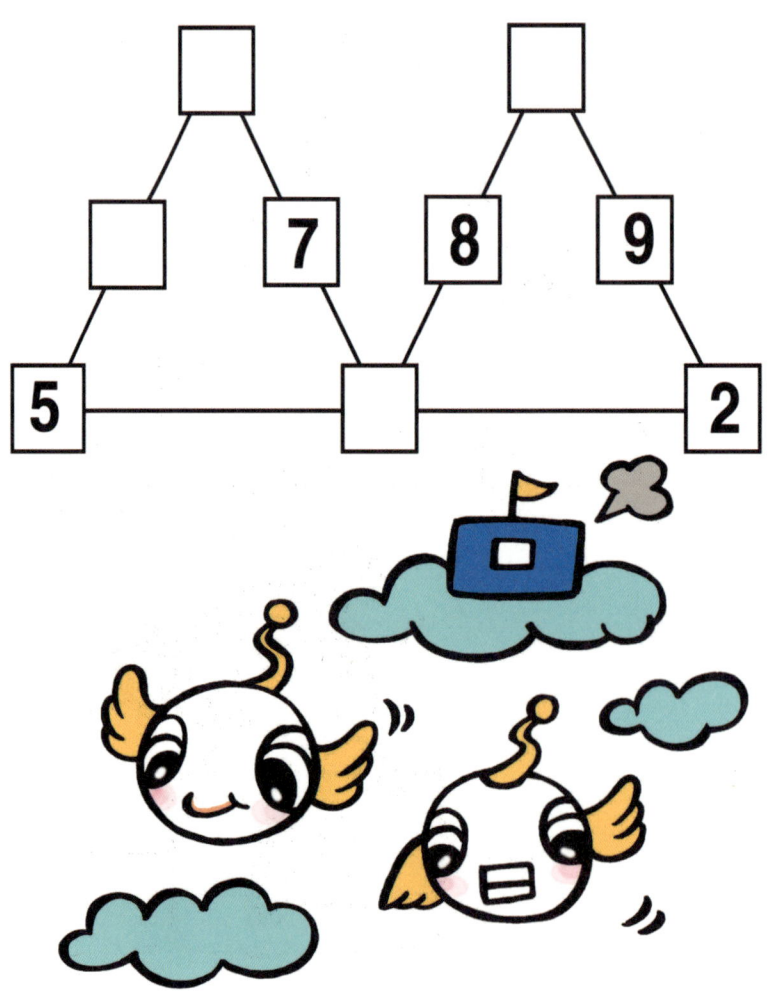

24

2부터 10까지의 수를 한 번씩 사용해서 모든 선 위의 수의 합이 23이 되도록 알맞은 수를 넣어 보세요.

3부터 11까지의 수를 한 번씩 사용해서, 가운데 선 위의 수의 합이 21, 밑변 위의 수의 합이 33이 되도록 알맞은 수를 넣어 보세요.

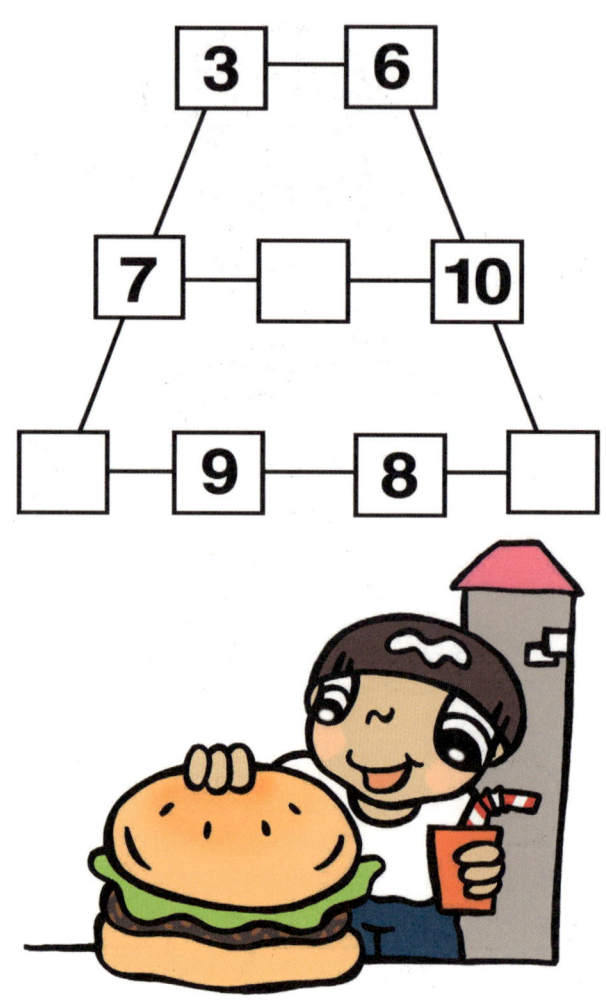

4부터 13까지의 수를 한 번씩 사용해서 모든 삼각형 주변의 수의 합이 23이 되도록 알맞은 수를 넣어 보세요.

3부터 11까지의 수를 한 번씩 사용해서 삼각형의 각 변 위의 수의 합이 25가 되도록 알맞은 수를 넣어 보세요.

28

1부터 11까지의 수를 한 번씩 사용해서 모든 삼각형 위의 수의 합이 27이 되도록 알맞은 수를 넣어 보세요.

2부터 10까지의 수를 한 번씩 사용해서 큰 삼각형의 변의 수의 합이 좌변 17, 우변 18, 밑변 24가 되도록 알맞은 수를 넣어 보세요.

30

3부터 14까지의 수를 한 번씩 사용해서 각 원 안의 수의 합이 20에서 25가 되도록 알맞은 수를 넣어 보세요.

31

4부터 12까지의 수를 한 번씩 사용하여 큰 삼각형의 변의 수의 합이 우변 25, 좌변 30, 밑변 30이 되도록 알맞은 수를 넣어 보세요.

32

1부터 12까지의 수를 한 번씩 사용해서 모든 선 위의 수의 합이 26이 되도록 알맞은 수를 넣어 보세요.

다음 그림에서 모든 십자형 바깥의 네 수의 합이 26이 되도록 알맞은 수를 넣어 보세요.

모든 십자형 바깥의 네 수의 합이 28이 되도록 알맞은 수를 넣어 보세요.

35

2부터 17까지의 수를 한 번씩 사용하여 각 원 안의 수의 합이 21에서 28이 되도록 알맞은 수를 넣어 보세요.

36

1부터 13까지의 수를 한 번씩 사용해서 모든 삼각형 위의 수의 합이 30이 되도록 알맞은 수를 넣어 보세요.

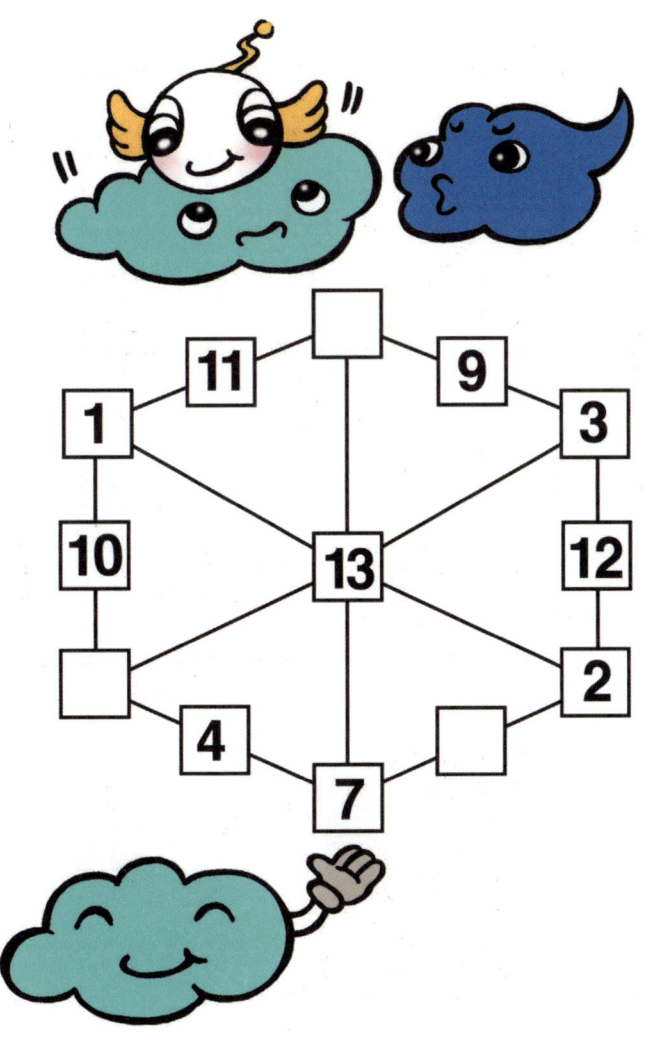

37

1부터 13까지의 수를 한 번씩 사용해서 모든 작은 삼각형 위의 수의 합이 35가 되도록 알맞은 수를 넣어 보세요.

모든 십자형 바깥의 네 수의 합이 36이 되도록 알맞은 수를 넣어 보세요.

39

1부터 10까지의 수를 한 번씩만 사용해서 육각형 위의 수의 합이 36이 되도록 알맞은 수를 넣어 보세요.

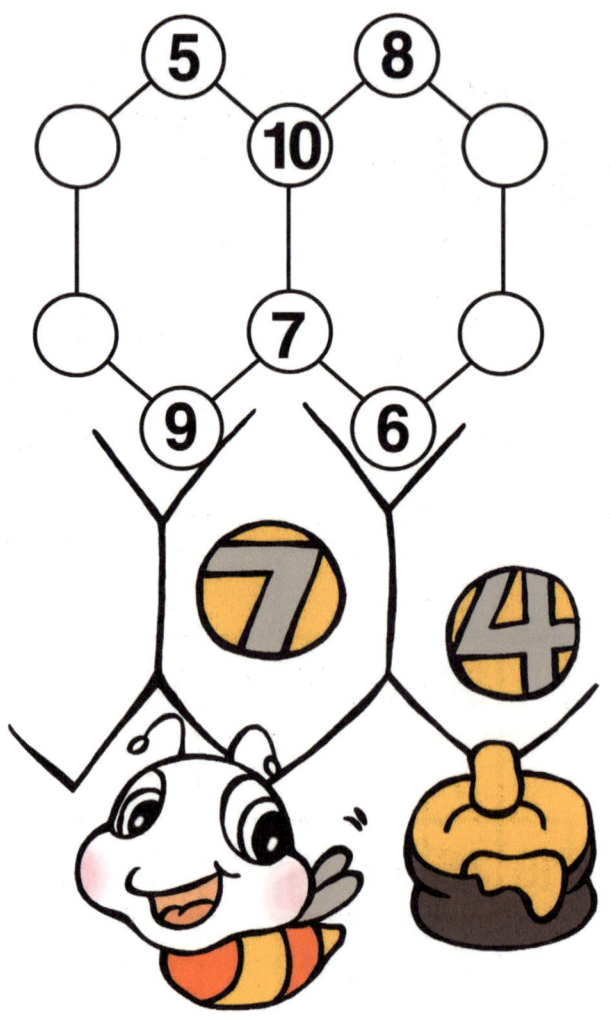

1부터 17까지의 수를 한 번씩 사용해서 모든 삼각형 위의 수의 합이 39가 되도록 알맞은 수를 넣어 보세요.

평면도형

1. 선의 종류

원은 굽은 선으로 이루어진 도형이고, 삼각형과 사각형 등 다각형은 곧은 선으로 이루어진 도형입니다. 그리고 다각형을 이루는 곧은 선은 '변'이라고 합니다. 그렇다면 선의 다른 이름들은 변 말고 무엇이 있을까요?

'ㄱ'과 'ㄴ'이라는 이름을 가진 두 개의 점을 생각해 봅시다.

ㄱ   ㄴ
•   •

두 개의 점을 하나의 선으로 이어 볼까요?

이때 만들어진 선을 '**선분**'이라고 하고, 이 선분은 '**선분 ㄱㄴ**' 또는 '**선분 ㄴㄱ**'이라고 합니다.

이번엔 한 점에서 다른 점을 향한 방향으로 선을 그어 볼까요?

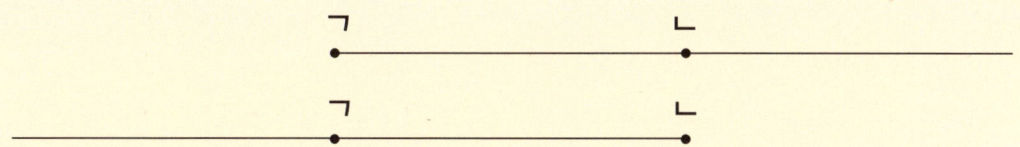

이렇게 만들어진 선을 '반직선'이라고 하고, 이 반직선은 시작한 점의 이름을 앞에 붙여 각각 '반직선 ㄱㄴ', '반직선 ㄴㄱ'라고 합니다.

마지막으로 선분 ㄱㄴ을 양쪽으로 길게 늘여 볼까요?

이런 선은 '직선'이라고 하며, 이 직선은 '직선 ㄱㄴ' 또는 '직선 ㄴㄱ'이라고 합니다. 살펴본 선분, 반직선, 직선의 특징을 정리해 보면 다음과 같습니다.

특징 종류	시작과 끝	길이
선분	점 ㄱ 또는 점 ㄴ	점 ㄱ과 점 ㄴ 사이 거리
반직선	시작은 점 ㄱ 또는 ㄴ 끝은 없음	끝이 없음
직선	시작과 끝 둘 다 없음	끝이 없음

2. 선이 만나면 무엇이 될까?

선과 선이 만나면 어떻게 될까요?

한 점에서 출발하는 두 개의 반직선을 그려 보세요.

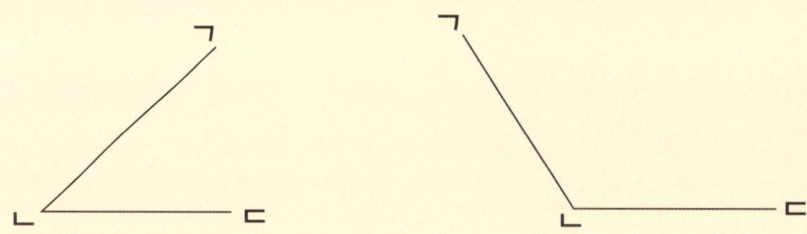

위의 두 가지 모양 말고도 다양한 모양이 나오겠죠?

위의 모양처럼 한 점에서 그은 두 반직선으로 이루어진 도형을 '각'이라고 합니다.

그림의 각은 '각 ㄱㄴㄷ' 또는 '각 ㄷㄴㄱ'이라고 부르며, 점 ㄴ을 '꼭짓점'이라고 합니다. 꼭짓점이 이름의 가운데에 오는 것을 꼭 기억하세요.

그리고 각을 이루는 반직선 ㄱㄴ과 반직선 ㄴㄱ을 각의 '변'이라고 하고, 각각 '변 ㄴㄱ', '변 ㄴㄷ'이라고 합니다.

이번에는 색종이나 책 등 우리 주변에 있는 '반듯한 사각형'을 살펴볼게요. 어떤 각을 볼 수 있나요?

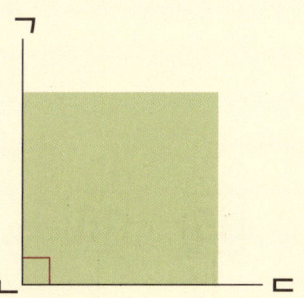

위와 같이 색종이나 책의 한 꼭짓점에서 나타나는 각을 '직각'이라고 합니다. 직각을 표시할 때에는 위의 그림처럼 꼭짓점 ㄴ에 ┗ 표시를 합니다.

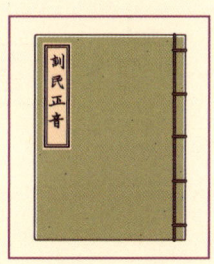
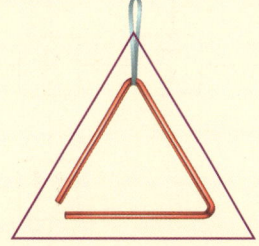

색종이와 같은 반듯한 사각형을 '정사각형'이라고 하고, 책과 같은 반듯한 사각형을 '직사각형'이라고 합니다. 정사각형과 직사각형을 이루는 네 개의 각은 모두 직각이며, 그 합은 360°입니다. 직각으로 이루어지지 않은 사각형을 포함하여 모든 사각형의 경우에도 네 각의 합은 360°입니다.

삼각형의 경우는 어떨까요? 삼각형은 정사각형을 세모 모양으로 접는 것을 상상하면 생각하기 쉽습니다. 삼각형에는 각이 세 개가 있고, 그 합은 180°입니다.

1부터 20까지의 수를 한 번씩 사용해서 모든 작은 사각형 위의 수의 합이 42가 되도록 알맞은 수를 넣어 보세요.

모든 십자형 바깥의 네 수의 합이 50이 되도록 알맞은 수를 넣어 보세요.

왼쪽의 수와 오른쪽의 수를 더해 보세요.

+	7	3	2	1	9	4	8	0	5	6
3										
2										
9										
7										
0										
4										
6										
1										
5										
8										

왼쪽의 수에서 오른쪽의 수를 빼 보세요.

−	2	6	3	0	7	9	1	4	8	5
16										
11										
17										
14										
19										
10										
12										
13										
18										
15										

[보기]와 같은 방법으로 같은 수를 계속해서 10번 더해 보세요.

보기	
2를 10번 더한다.	4를 10번 더한다.
$\begin{array}{r} 2 \\ +2 \\ \hline 4 \\ +2 \\ \hline 6 \\ +2 \\ \hline 8 \\ +2 \\ \hline 10 \\ +2 \\ \hline 12 \\ +2 \\ \hline 14 \\ +2 \\ \hline 16 \\ +2 \\ \hline 18 \\ +2 \\ \hline 20 \end{array}$	

[보기]와 같은 방법으로 같은 수를 계속해서 10번 빼 보세요.

보기	
20에서 2를 10번 뺀다.	40에서 4를 10번 뺀다.
20 −2 ――― 18 −2 ――― 16 −2 ――― 14 −2 ――― 12 −2 ――― 10 −2 ――― 8 −2 ――― 6 −2 ――― 4 −2 ――― 2 −2 ――― 0	

1부터 9까지의 수를 한 번씩만 사용해서 모든 작은 삼각형 위의 수의 합이 15가 되도록 알맞은 수를 넣어 보세요.

48

출발 지점에 있는 문제를 계산해서 그 답을 네모 안에 적어 넣습니다. 네모 안의 수를 다음 계산의 동그라미 안에 써넣습니다. 끝말잇기 놀이처럼 이렇게 계속해서 계산을 이었을 때 도착 지점에 있는 보물 상자를 열 수 있는 열쇠는 어느 것일지 찾아 주세요.

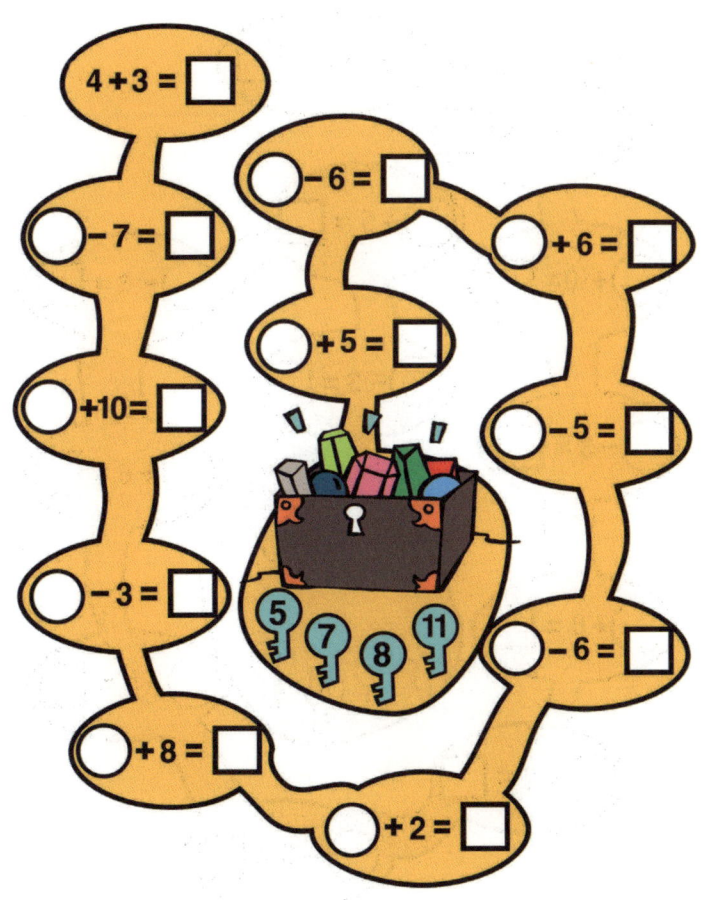

49

출발 지점에 있는 문제를 계산해서 그 답을 네모 안에 적어 넣습니다. 네모 안의 수를 다음 계산의 동그라미 안에 써넣습니다. 끝말잇기 놀이처럼 이렇게 계속해서 계산을 이었을 때 도착 지점에 있는 보물 상자를 열 수 있는 열쇠는 어느 것일지 찾아 주세요.

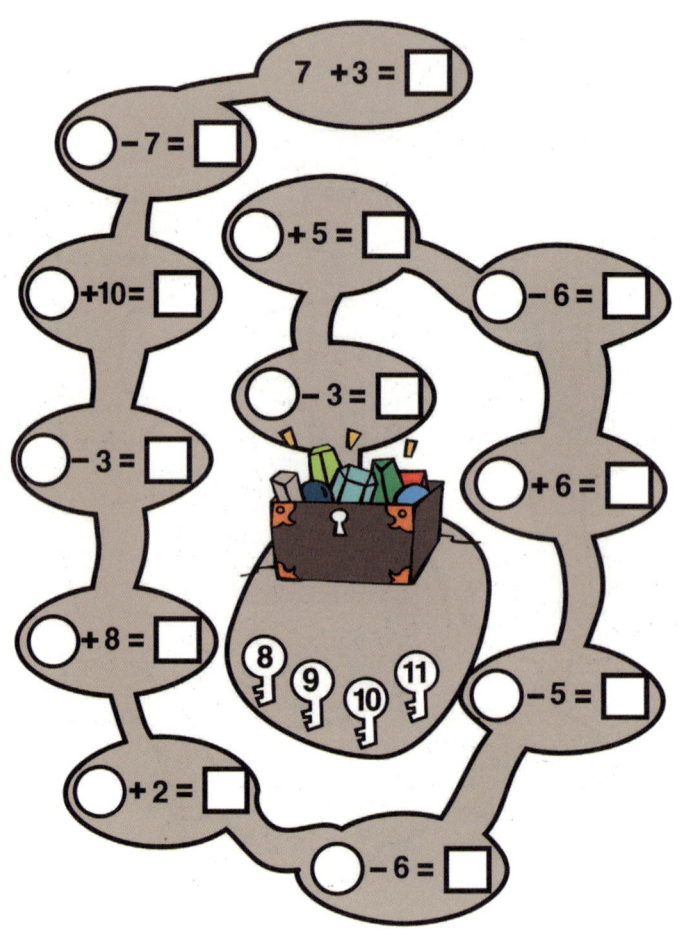

50

출발 지점에 있는 문제를 계산해서 그 답을 네모 안에 적어 넣습니다. 네모 안의 수를 다음 계산의 동그라미 안에 써넣습니다. 끝말잇기 놀이처럼 이렇게 계속해서 계산을 이었을 때 도착 지점에 있는 보물 상자를 열 수 있는 열쇠는 어느 것일지 찾아 주세요.

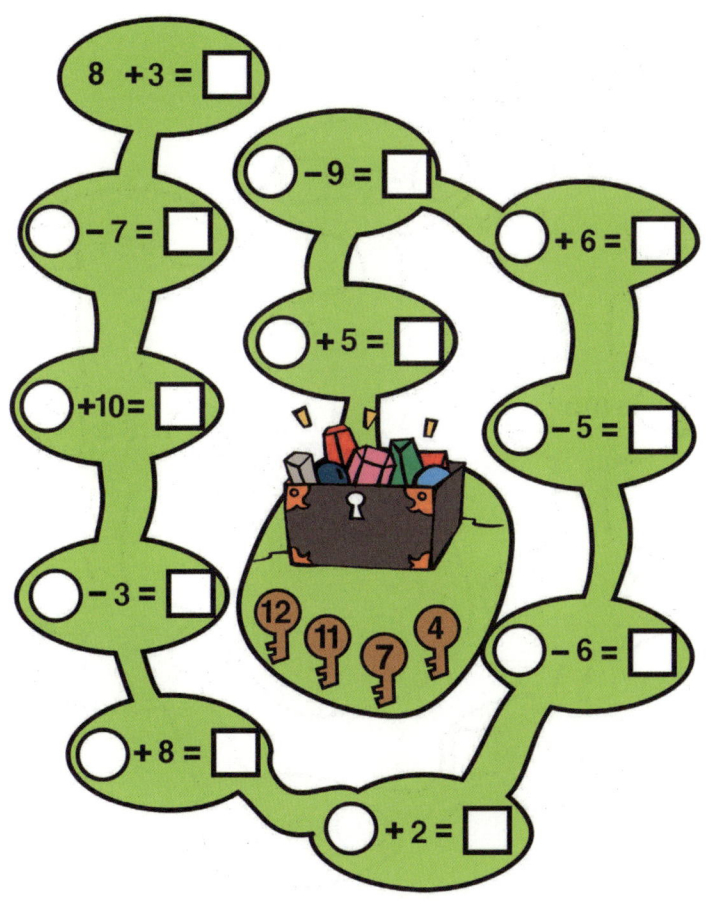

51

출발 지점에 있는 문제를 계산해서 그 답을 네모 안에 적어 넣습니다. 네모 안의 수를 다음 계산의 동그라미 안에 써넣습니다. 끝말잇기 놀이처럼 이렇게 계속해서 계산을 이었을 때 도착 지점에 있는 보물 상자를 열 수 있는 열쇠는 어느 것일지 찾아 주세요.

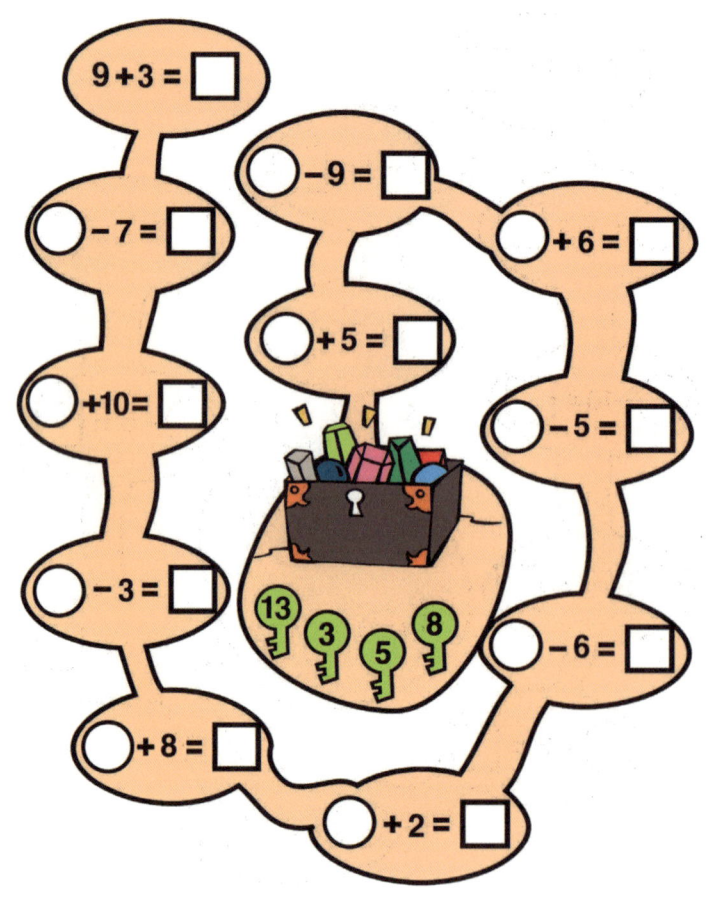

칠교 조각을 이용하여 백조 모양을 만들어 보세요.

칠교 조각을 이용하여 잠자리 모양을 만들어 보세요.

칠교 조각을 이용하여 병아리 모양을 만들어 보세요.

칠교 조각을 이용하여 배 모양을 만들어 보세요.

칠교 조각을 이용하여 백합꽃 모양을 만들어 보세요.

칠교 조각을 이용하여 항아리 모양을 만들어 보세요.

펜토미노 조각 V, P, L, Y를 이용하여 다음 사각형을 채워 보세요.

펜토미노 조각 V, Z, P, U를 이용하여 다음 사각형을 채워 보세요.

펜토미노 조각 L, P, T, V를 이용하여 다음 사각형을 채워 보세요.

각도

1. 각의 크기

각의 크기를 '각도'라고 합니다. 직각을 90개로 똑같이 나눈 것 중 하나를 '1도'라고 하고, '1°'라고 씁니다. °는 각도의 단위로, 숫자의 오른쪽 위에 붙여 줍니다. 직각은 90°입니다.

각도기는 각도를 잴 수 있는 도구입니다. 각도를 재기 위해 각도기 사용법을 알아봅시다.

각도기 사용법

1. 각도기의 중심을 각의 꼭짓점에 맞춥니다.
2. 각도기에서 0°를 나타내는 선 위에 각을 이루는 두 개의 변 중 한 개의 변을 둡니다.
3. 나머지 한 변이 위치한 곳의 눈금을 각도기로 읽습니다.

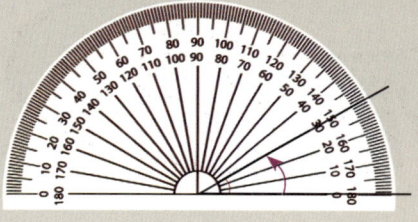

각도기에 표시된 각은 화살표 방향으로 재고, 30°라고 읽습니다.

● 각도기를 이용해 각도를 재어 볼까요?

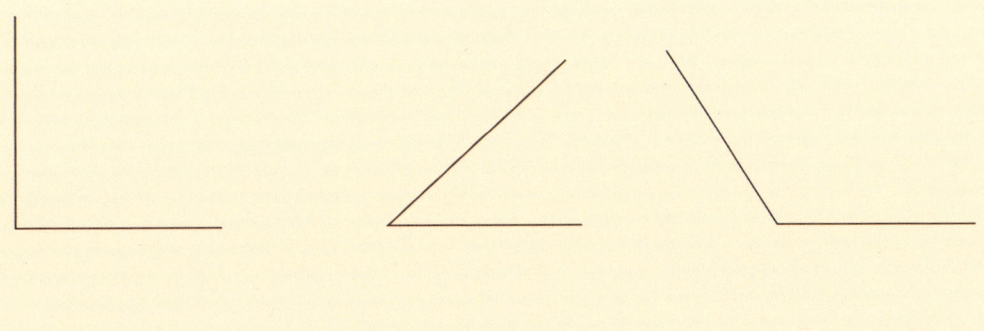

2. 예각과 둔각

각도가 90°인 것을 직각이라고 했습니다. 그러면 각도가 90°보다 큰 각과 90°보다 작은 각은 무엇이라고 부를까요?

예각과 둔각

각도가 0°보다 크고 직각(90°)보다 작은 각을 예각이라고 합니다.

각도가 직각(90°)보다 크고 180°보다 작은 각을 둔각이라고 합니다.

앞에서 재어 본 각 중 첫 번째 각은 직각, 두 번째 각은 예각, 세 번째 각은 둔각입니다.

3. 각도의 합과 차

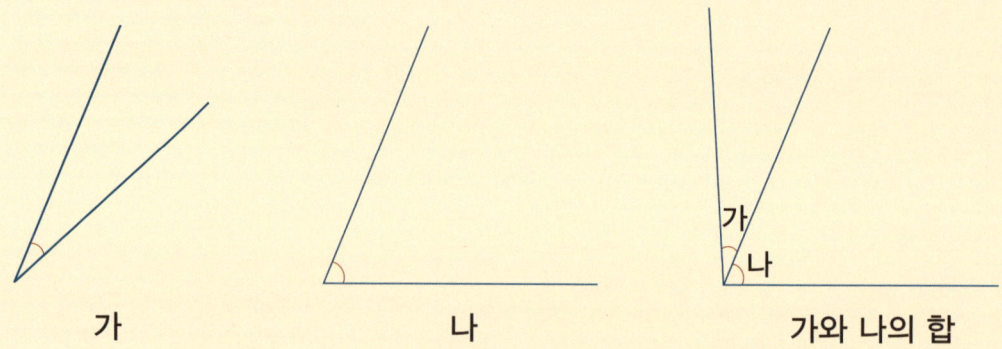

가   나   가와 나의 합

● 각 가와 각 나의 각도의 합은 얼마일까요? 각도기를 이용해 세 각의 각도를 대어 보고, 각도의 합을 구하는 방법을 알아봅시다.

가 : _____   나 : _____   가와 나의 합 : _____

● 각 가와 각 나의 각도를 더하면 어떤 수가 나올까요?

_____° + _____° = _____°

이를 통해 두 각도의 합은 두 각도를 더한 것과 같다는 것을 알 수 있습니다.

● 각도의 차도 한번 구해 볼까요?

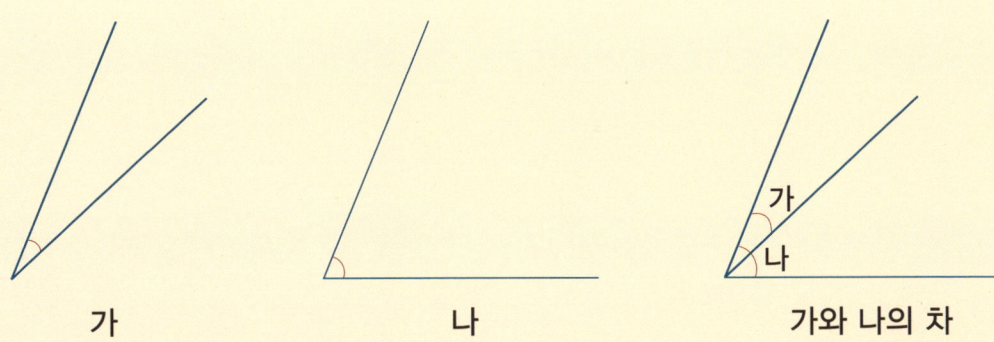

가 : _____   나 : _____   가와 나의 차 : _____

● 각 가와 각 나의 각도를 빼 볼까요?

_____° - _____° = _____°

이를 통해 각도의 차는 큰 각도에서 작은 각도를 뺀 것과 같다는 것을 알 수 있습니다.

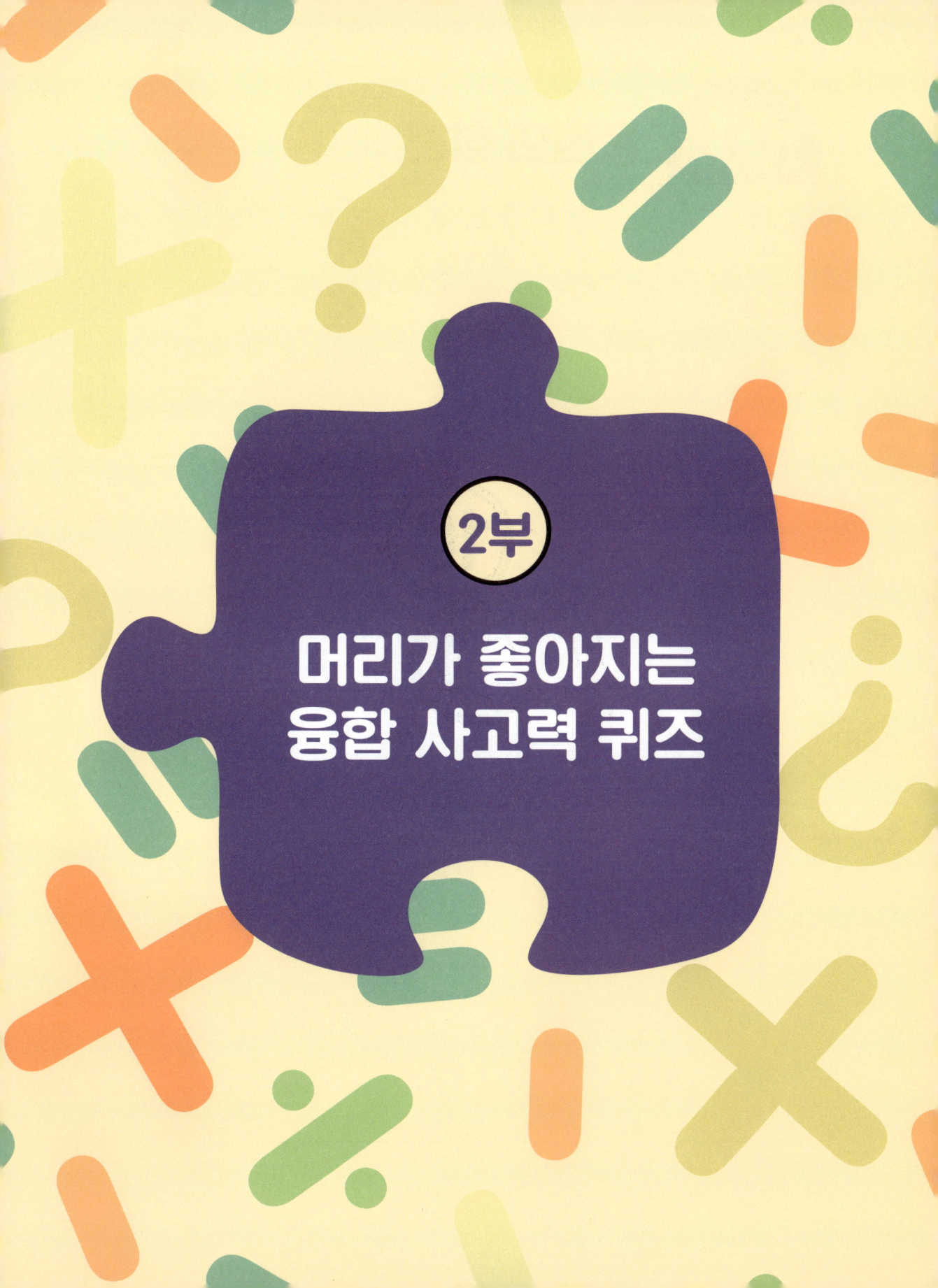

01 동전의 회전

10원짜리 동전 ㉮를 손가락으로 눌러 돌지 않게 하고, 다른 10원짜리 동전 ㉯를 동전 ㉮의 가장자리에 딱 붙여서 돌려 보세요.
㉯가 ㉮의 주위를 한 번 돌 때 ㉯ 자신은 몇 번 돌게 될까요?

02 연필 떼지 않고 그리기

종이에 9개의 점이 있습니다. 연필을 종이에서 떼지 않고 4개의 직선을 그어 9개의 점을 모두 통과해 보세요.

03 그림 그리기 연습

다음 그림을 아래 빈칸에 다시 그려 보세요.

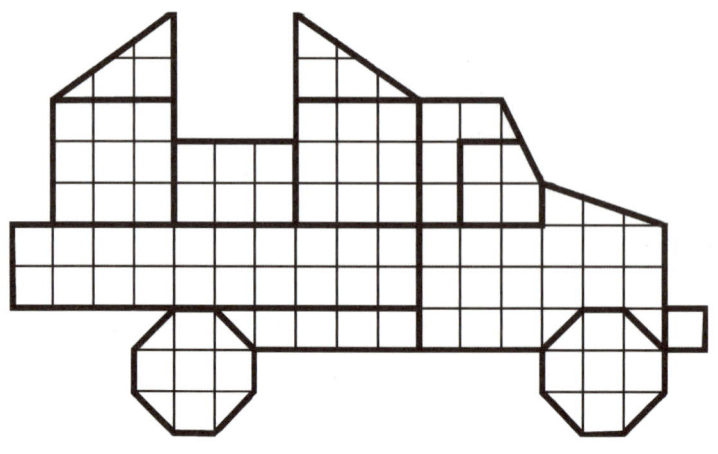

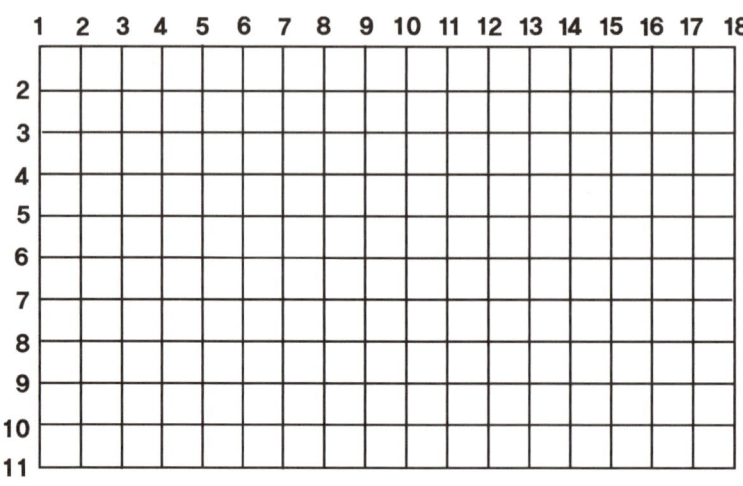

04 보물지도 찾기

여러 가지 수가 네모 칸 속에 있습니다. 이 중에서 3으로 나누어떨어지는 수를 찾아 통과하면 보물을 얻을 수 있습니다. 3으로 나누어떨어지는 수로 길을 찾아보세요.

출발	25	34	22	21	97	273	65	133
30	31	64	75	99	132	100	186	115
111	53	131	141	98	84	86	352	221
48	96	153	102	52	45	87	72	24
245	85	157	9	26	15	74	73	135
63	40	38	36	49	55	50	135	보물

05 컵 뒤집기

성냥개비로 아래 그림과 같이 컵 3개를 만들었습니다. 성냥개비 6개를 움직여서 3개의 컵을 모두 뒤집어 보세요.

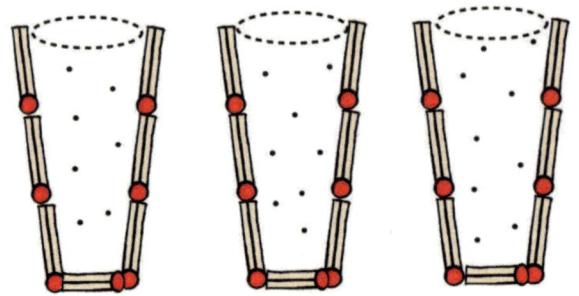

사각형의 토지 나누기

정사각형의 토지가 어머니와 네 명의 아들에게 유산으로 남겨졌습니다. 유언에 따르면, "어머니에게는 그림과 같이 정사각형의 4분의 1에 해당하는 한 모퉁이의 토지를 주고, 네 아들에게는 그 나머지를 똑같은 모양, 똑같은 크기로 나누어 주라."고 하였습니다. 어떻게 나누면 좋을까요?

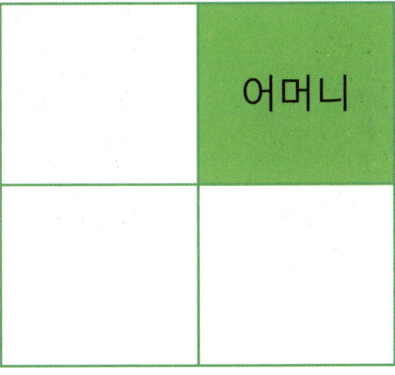

07 그냥 두고 온 것은?

지난 주말에 우리 네 식구가 시골 친척집에 놀러 갔습니다. 네 식구는 모두 무엇인가를 가지고 갔습니다. 그런데 저녁에 돌아와 보니 무엇인가를 빠뜨리고 왔습니다. 그것은 무엇일까요?

놀러갈 때

돌아올 때

08 내가 만든 눈사람

영수는 친구들과 함께 눈사람을 만들었습니다. 그런데 한낮이 되어 햇볕이 내리쬐는 바람에 눈사람이 다 녹아 버렸습니다. 아래 눈사람이 녹은 그림을 보고 영수가 만들었던 눈사람을 찾아보세요.

09 저울의 균형

양팔저울에 과일을 담아 무게를 재어 보았습니다. 사과 3개와 배 1개가 복숭아 10개와 무게가 같습니다. 그리고 복숭아 6개와 사과 1개가 배 1개와 같은 무게입니다. 배 1개와 같은 무게가 되려면 복숭아 몇 개가 필요할까요? 단, 모든 사과와 모든 복숭아는 각각 무게가 똑같습니다.

10 빈칸에 수 넣기

아래 표에서 가로, 세로, 대각선의 세 수의 합은 모두 같습니다. 빈칸에 알맞은 수를 써넣어 보세요.

(가)

16		12
	13	14

(나)

8		
	16	
14		24

11 답을 추측하여 맞히기

(가) ○ 안의 수는 양 끝의 □ 안에 있는 두 수의 곱입니다. 빈칸에 알맞은 수를 써넣어 보세요.

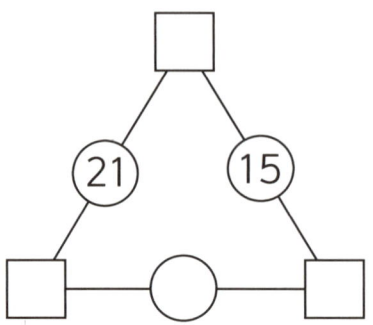

(나) 다음 그림에서 선으로 연결된 두 수의 차가 1이 되지 않도록 2, 3, 4, 5, 6을 ○ 안에 써넣어 보세요.

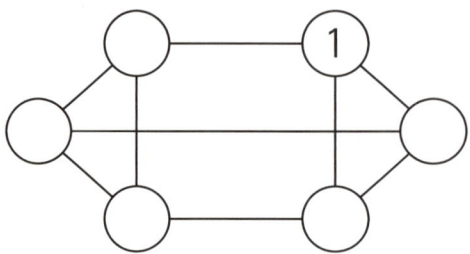

12 삼각형 개수

삼각형을 4개의 선으로 나누었습니다. 크고 작은 삼각형이 모두 몇 개인가요?

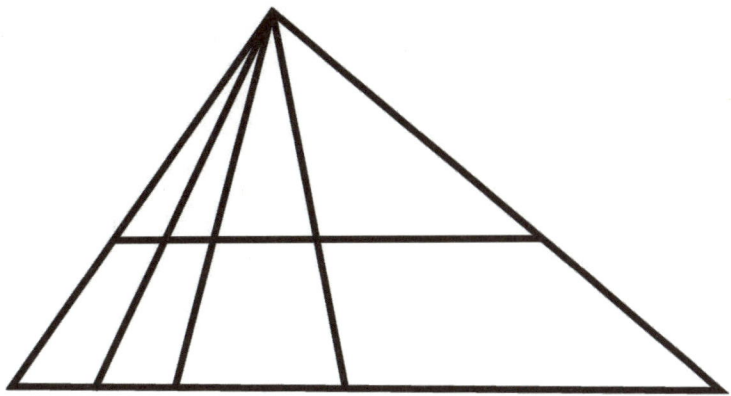

13 야구공의 속력

길동이가 야구공을 하늘 높이 수직으로 던졌습니다. 잠시 후 야구공이 땅으로 떨어졌습니다. 야구공을 하늘로 던질 때의 속력과 떨어질 때의 속력 중 어느 것이 더 빠를까요?

① 야구공을 하늘로 던질 때의 속력이 땅으로 떨어질 때의 속력보다 더 빠르다.
② 야구공을 하늘로 던질 때의 속력이 땅으로 떨어질 때의 속력보다 더 느리다.
③ 야구공을 하늘로 던질 때의 속력과 땅으로 떨어질 때의 속력은 똑같다.

14 퍼즐 맞추기

여러 가지 모양이 네모 칸에 하나씩 들어 있습니다. 그런데 여기에 규칙이 있습니다. 잘 생각해 보고 (가), (나), (다)에 들어갈 모양을 찾아 보세요.

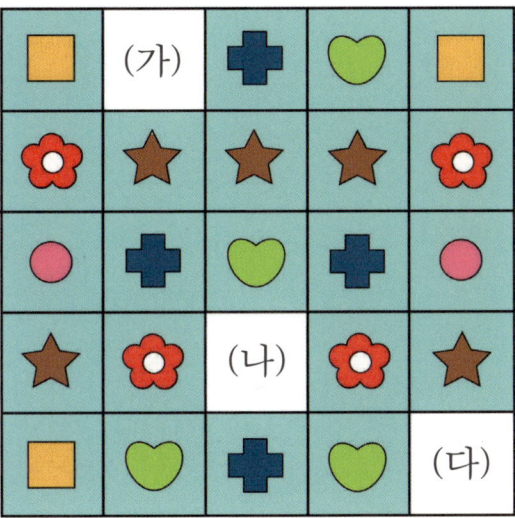

15 나무토막 세기

나무토막을 여러 모양으로 쌓아 보았습니다. 보이지 않는 부분까지 잘 생각해서 모두 몇 개인지 알아보세요.

(가) 나무토막을 계단 모양으로 쌓았습니다. 모두 몇 개일까요?

(나) 나무토막을 빈틈없이 5층으로 쌓았습니다. 모두 몇 개일까요?

(다) 나무토막을 빈틈없이 4층으로 쌓았습니다. 모두 몇 개일까요?

16 미로 게임

미로를 탈출해 보세요.

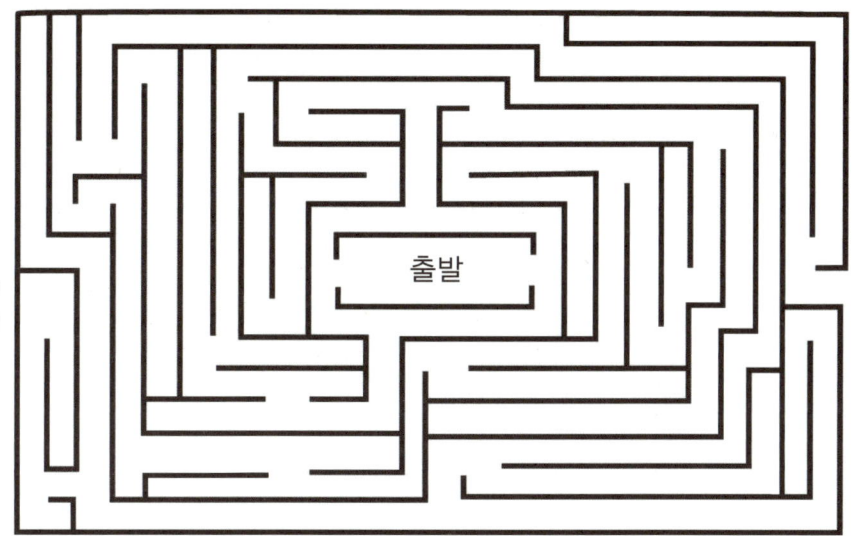

17 대각선의 수

다음 도형에 대각선을 그어 보고 규칙을 찾아서 십이각형까지의 표를 만들어 보세요.

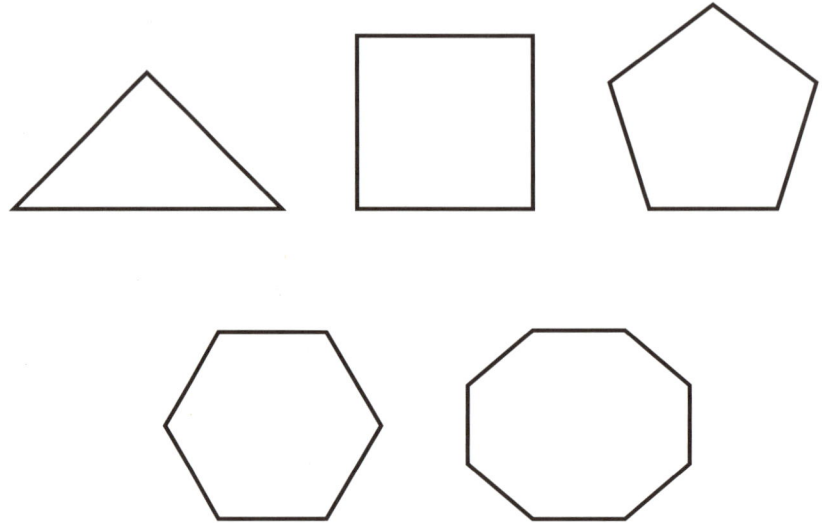

도형	삼각형	사각형	오각형	육각형	칠각형	팔각형	구각형	십각형	십일각형	십이각형
대각선의 수	0	2								

18 수 알아맞히기

다음 덧셈식에서 ○, △, □은 숫자입니다. 그런데 □의 위치를 옮기면 그 합이 97이 됩니다. ○, △, □의 값은 얼마일까요?

①
```
  ○ △
+   □
─────
  5 2
```

②
```
  ○ △
+ □ 0
─────
  9 7
```

19 꽃밭 돌기

운동장에 넓은 길로 둘러싸인 화단이 있습니다. 입구에서 출구까지 가는 가장 가까운 길을 찾아야 합니다. 걸음을 제일 적게 걸을 수 있도록 그림에 길을 표시해 보세요.

20 빠른 길 찾아가기

서종이의 학교에서는 소방서로 견학을 가기로 했습니다. 학교에서 소방서까지 가는 길은 여러 가지가 있습니다. 그림에서 가장 빨리 소방서에 갈 수 있는 길을 찾아보세요.

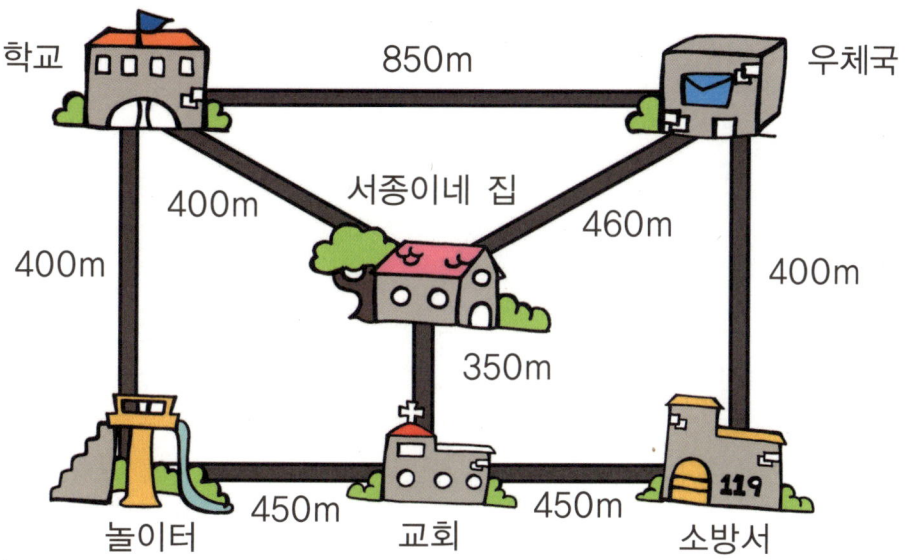

삼각형과 사각형의 종류

1. 삼각형의 종류

삼각형에는 어떤 종류가 있을까요? 그리고 그렇게 나누는 기준은 무엇일까요? 다음 삼각형을 보고 생각해 봅시다.

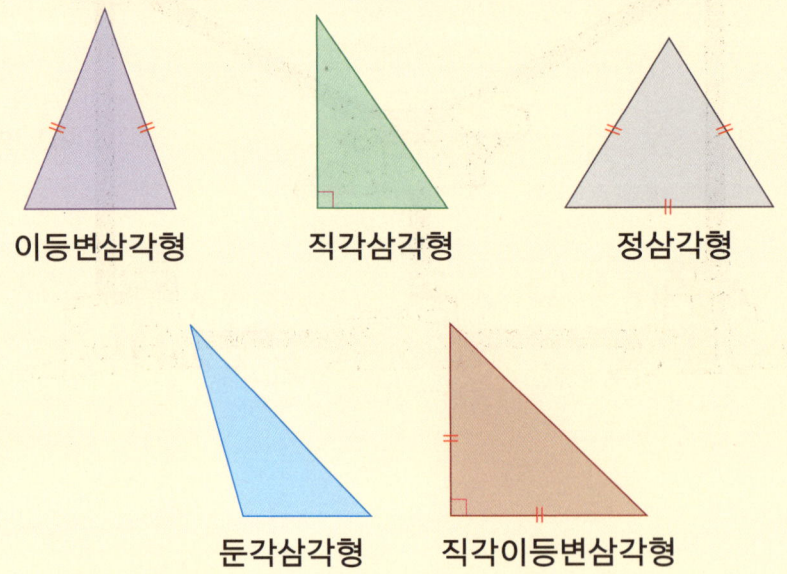

- 다섯 가지 삼각형에 붙은 이름에는 어떤 기준이 있을까요? 생각해 봅시다.

삼각형은 삼각형을 이루는 변과 각에 따라 여러 가지 종류로 나뉩니다. 하나씩 살펴볼까요?

① 변의 길이를 기준으로
삼각형의 두 변의 길이가 같을 때, 그 삼각형을 이등변삼각형이라고 합니다.
- 이등변삼각형의 길이가 같은 두 변을 만나도록 접으면 완전히 포개어집니다.
- 그 성질로 우리는 길이가 같은 두 변과 나머지 한 변이 만나 생기는 두 개의 각의 크기가 서로 같다는 것까지 알 수 있습니다.
- 길이가 같은 두 변이 만나는 꼭짓점에서 마주 보는 변에 내린 선이 그 변과 직각을 이룰 경우, 그 선은 이등변삼각형을 완전히 포개지게 접었을 때 생기는 선과 같습니다.

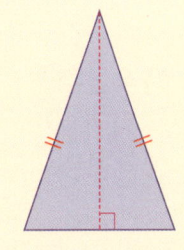
이등변삼각형

모든 변의 길이가 같을 때, 그 삼각형을 정삼각형이라고 합니다.
- 한 꼭짓점에서 마주 보는 변에 내린 선이 그 변과 직각을 이룰 경우, 그 선을 기준으로 정삼각형은 완전히 포개어지게 접을 수 있습니다.
- 나머지 두 꼭짓점에서도 같은 결과가 나옵니다. 이 성질로 우리는 정삼각형의 모든 각의 크기가 같다는 것을 알 수 있습니다.
- 삼각형을 이루는 각도의 합은 180°이므로 정삼각형의 한 각의 크기는 60°입니다.

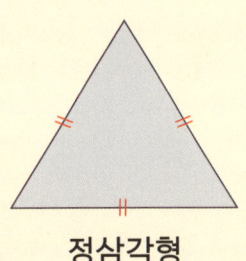
정삼각형

교과서 따라잡기 **105**

② 각의 크기를 기준으로

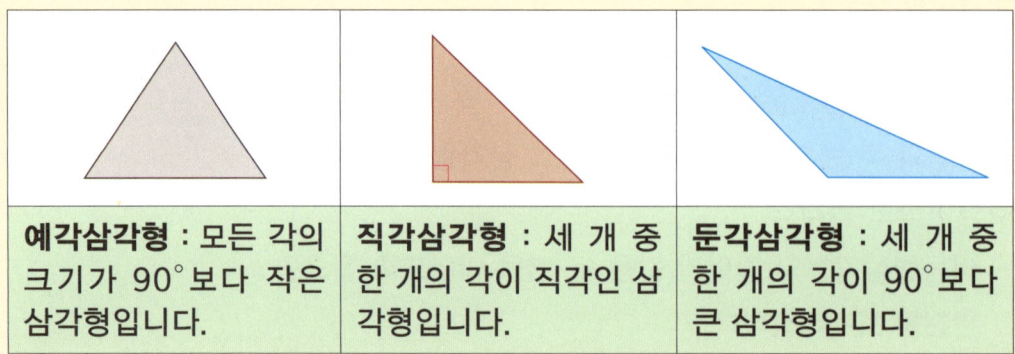

예각삼각형 : 모든 각의 크기가 90°보다 작은 삼각형입니다.	직각삼각형 : 세 개 중 한 개의 각이 직각인 삼각형입니다.	둔각삼각형 : 세 개 중 한 개의 각이 90°보다 큰 삼각형입니다.

2. 사각형의 종류

평행이란 무엇일까요? 사각형의 종류는 어떤 것이 있고, 사각형마다 어떤 성질을 가질까요? 다음 그림을 살펴봅시다.

● 다섯 가지 사각형에 붙은 이름에는 어떤 기준이 있을까요? 생각해 봅시다.

사각형은 사각형을 이루는 변의 길이와 모양, 평행 관계, 각의 크기에 따라 다음과 같이 여러 종류로 나뉩니다.

정사각형		• 정사각형은 네 변의 길이와 네 각의 크기가 모두 같은 사각형입니다. • 네 각의 크기의 합은 360°이므로, 한 각의 크기는 90°입니다.
직사각형		• 직사각형은 네 각의 크기가 모두 90°로 같은 사각형입니다. • 마주 보는 두 변의 길이가 같습니다.
사다리꼴		• 선을 길게 늘였을 때 서로 만나지 않는 경우, 두 선은 평행하다고 합니다. • 한 쌍의 마주 보는 두 변이 서로 평행한 사각형입니다. • 네 개의 변의 길이가 모두 다를 수 있습니다.
평행사변형		• 마주 보는 두 변이 모두 평행한 사각형입니다. • 마주 보는 두 꼭짓점을 잇는 선을 그어, 그 선으로 자르면 완전히 포개어지는 두 개의 삼각형이 나옵니다. • 이 성질로 평행사변형의 마주 보는 두 개의 각은 크기가 같음을 알 수 있습니다.
마름모		• 네 변의 길이가 같은 사각형입니다. • 마주 보는 두 변이 모두 평행합니다. • 평행사변형과 마찬가지로 마주 보는 두 각의 크기가 같습니다.

정사각형 만들기

긴 막대 2개와 그 막대의 절반 길이인 짧은 막대 4개가 있습니다. 이 6개의 막대로 똑같은 크기의 정사각형을 2개 만들어 보세요.

22 몇 시일까요?

시계에는 큰 바늘과 작은 바늘이 있어서 몇 시 몇 분인지를 알 수 있습니다. 하지만 큰 바늘이 없어도 대체로 몇 분인지 알 수 있습니다. 각각 몇 시 몇 분인지 맞춰 보세요.

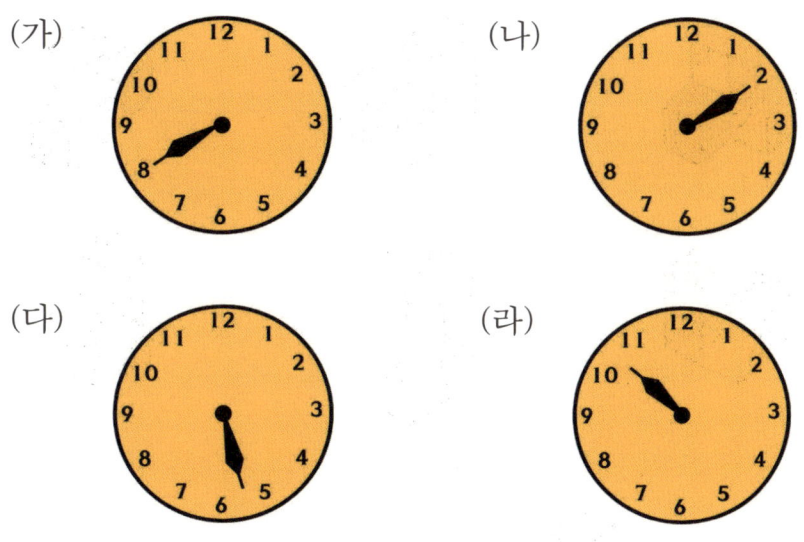

23 어느 것과 같을까요?

다음은 각각 4개의 정육면체 나무토막을 사용해서 만든 것들입니다. 놓인 방향이 다르더라도 돌려 보면 모양이 같은 것들을 찾아보세요.

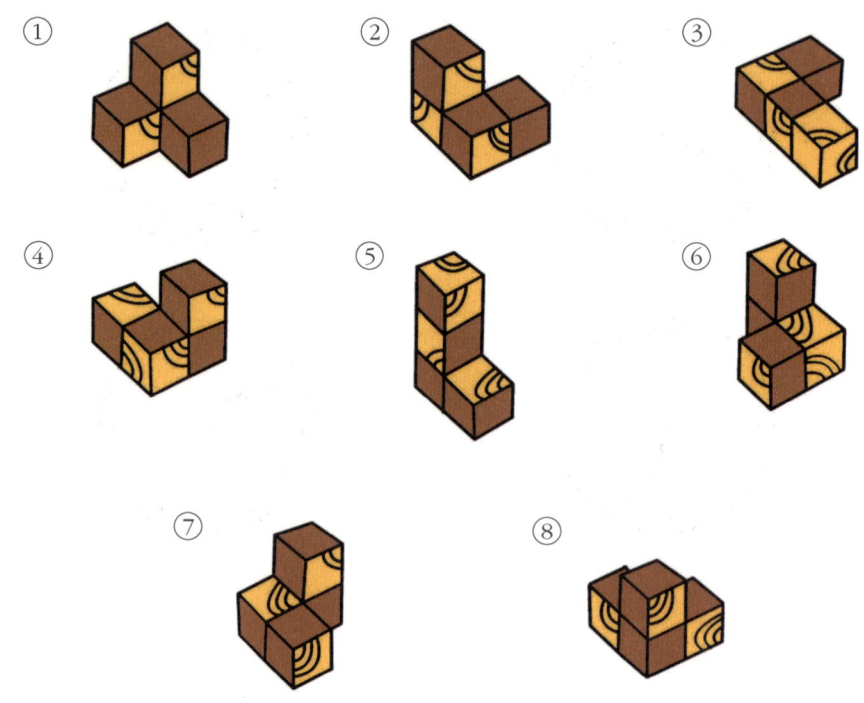

24 수 알아맞히기

다음 덧셈식에서 ○, △, □는 각기 다른 숫자를 나타냅니다. ○, △, □는 각각 얼마일까요?

$$
\begin{array}{r}
○ \\
△\,△ \\
+\ ○\,□\,□ \\
\hline
△\,△\,△
\end{array}
$$

25 카드 맞추기

①에서 ⑥의 카드를 이용해 다음과 같이 개의 그림을 만들어 보세요. 어떤 카드를 어느 자리에 집어넣어야 할까요? 아래의 빈칸에 카드의 번호를 써넣어 보세요.(카드는 돌려도 됩니다.)

①

②

③

④

⑤

⑥

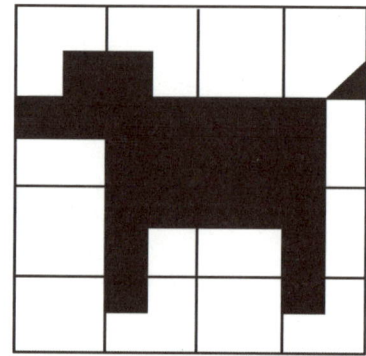

26 수 알아맞히기

○, △, □는 얼마인지 잘 알 수 없지만 세 번을 더해서 ○, △, □의 답이 나왔습니다. ○, △, □는 각기 다른 수입니다. ○, △, □는 어떤 수일까요?

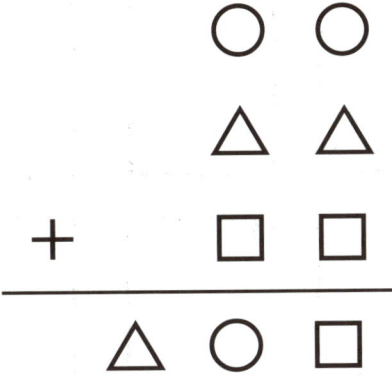

27 카드 놀이

9장의 카드가 있습니다. 3장의 숫자를 합쳐서 15가 되게 하려면 어떤 것들끼리 더해야 할까요? 15가 될 수 있는 방법을 만들어 보세요.

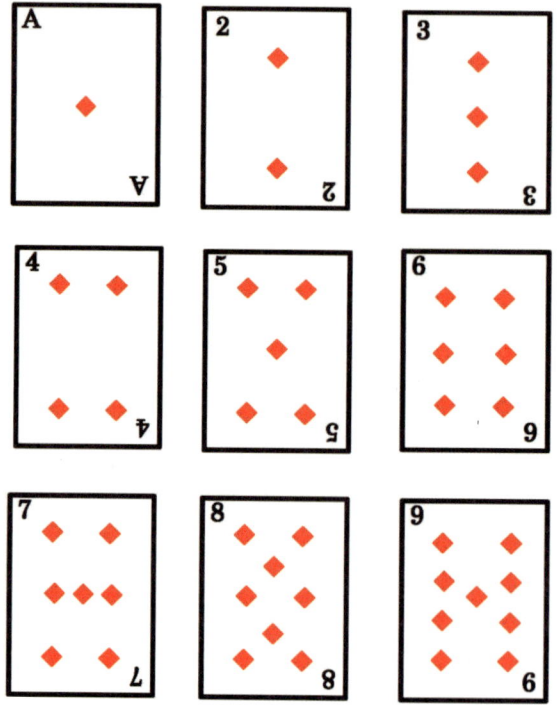

28 나는 무슨 띠?

양이 있는 자리에서 오른쪽으로 15칸을 갔다가, 거기서 다시 9칸을 되돌아오면 어떤 동물의 자리에서 멈추게 될까요?

29 땅따먹기

덜렁이와 촐랑이가 땅따먹기 놀이를 한 결과입니다. 누가 더 많은 땅을 가졌나요?

30 규칙 찾기

수가 어떤 규칙에 따라 나열되어 있습니다. 자, 이 규칙을 따라가면 여섯 번째의 수는 과연 무엇일까요?

31 신기한 수 게임

[보기]처럼 화살표를 그리고, 화살표 방향대로 합이 1110이 되도록 식을 써 보세요. 단, 화살표 방향은 [보기]와 다르게 그려야 합니다.

[보기]

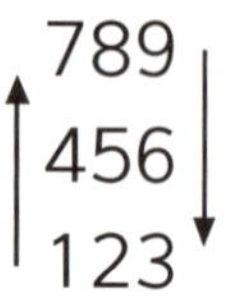

```
  789            147         7 8 9          985
  456    ⇒     +963          4 5 6    ⇒   +125
  123           1110          1 2 3         1110
```

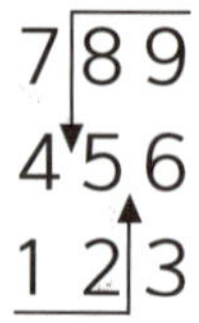

789
456
123

32 미로 찾기

출발 지점에서 도착 지점까지, 흰색→검은색→흰색→검은색의 순서로 나아가야 합니다. 가로, 세로 방향으로는 갈 수 있지만 대각선 방향으로는 갈 수 없습니다. 어떻게 하면 미로를 잘 빠져나갈 수 있을까요?

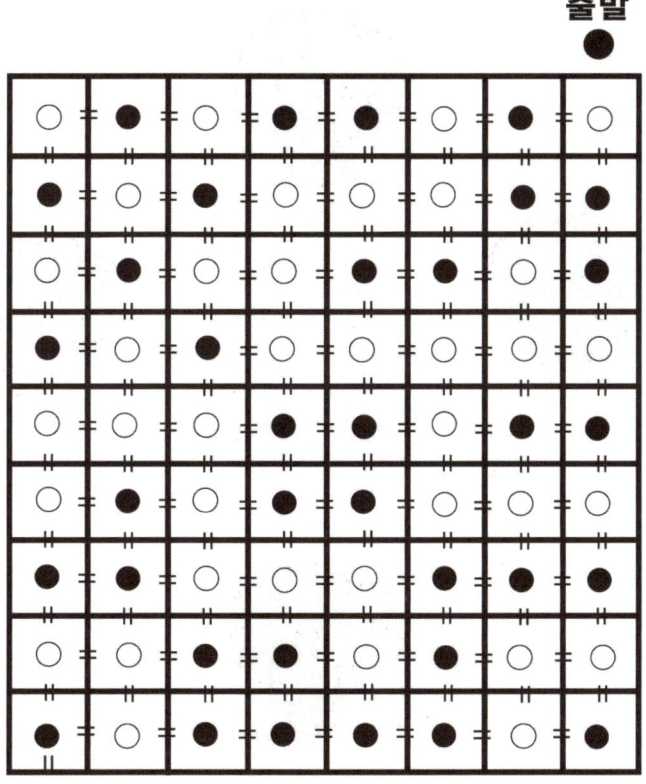

33 연못 넓히기

찬희네 학교의 연못가에는 향나무가 4그루 있습니다. 향나무를 건드리지 않으면서 연못을 넓히려고 합니다. 향나무를 그대로 두고 연못을 2배로 넓히는 방법을 생각해 보세요.

34 붕어 가두기

그림과 같이 붕어 9마리가 연못에서 놀고 있습니다. 이 붕어를 1마리씩 가두려고 합니다. 막대를 4개만 사용하여 1마리씩 가두려면 어떻게 해야 할까요?

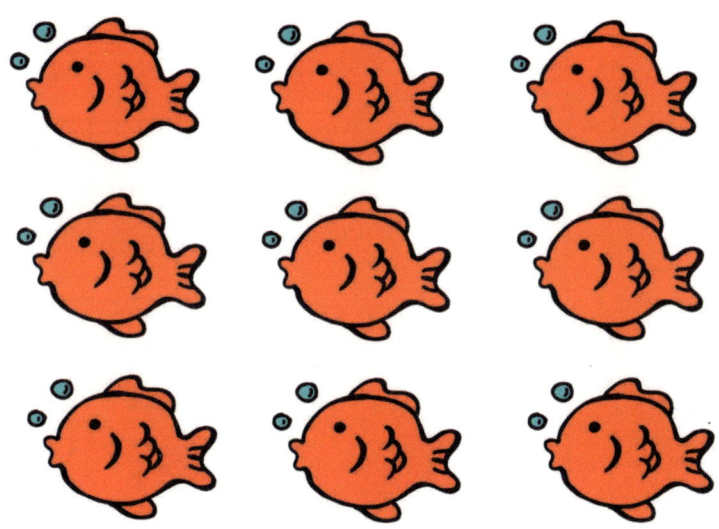

35 암호 해독

아래의 암호에 맞는 수를 찾아서 □ 안에 넣고 계산해 보세요. 답이 되는 카드를 찾아서, ○ 안에 맞는 글씨를 써넣은 다음 읽어 보세요. 그러면 암호가 풀릴 것입니다.

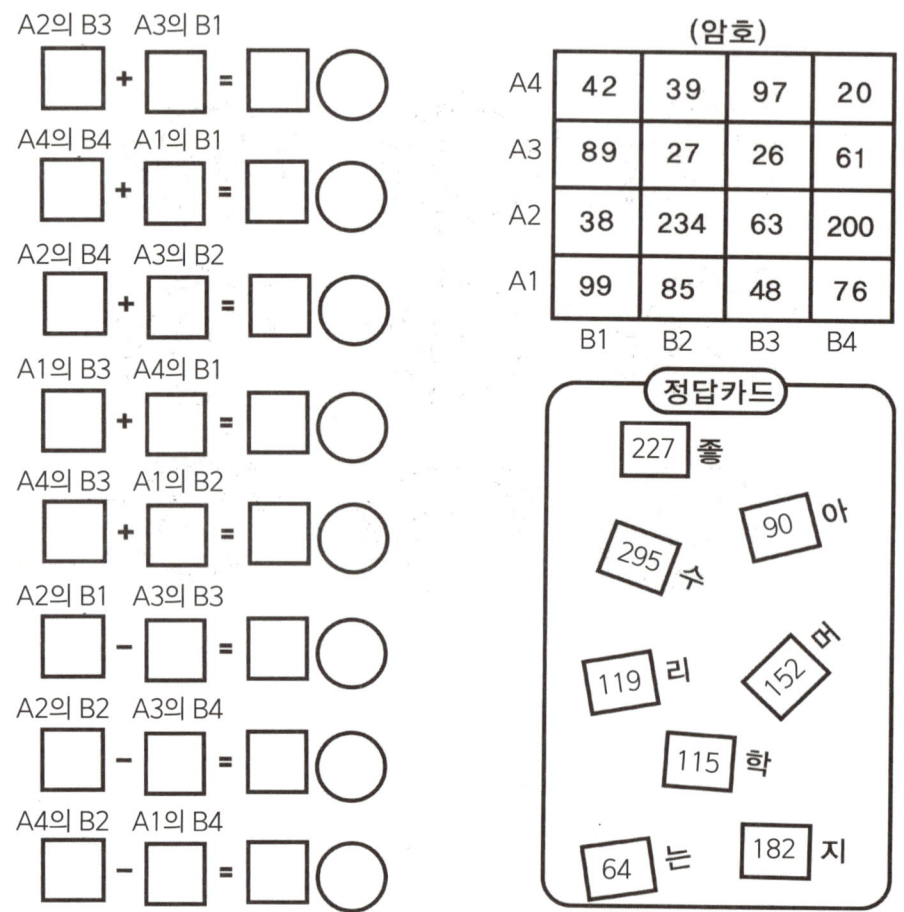

36 무엇이 숨어 있을까?

다음 그림에서 삼각형만 색칠해 보세요. 어떤 그림이 나타나나요?

37 어떻게 만든 것일까요?

색종이를 다음과 같이 잘라 만든 4개의 삼각형으로 다음과 같은 모양을 만들어 보세요.

38 무엇이 나타날까요?

2씩 건너뛰어서 점선 잇기를 해 보세요. 처음 시작하는 곳은 2입니다.

39 친구의 집

종은이는 반 친구들의 집을 지도로 그렸습니다. 집은 동그라미로, 길은 두 줄로 그렸습니다. 한 집에서 다른 집으로 가는 데 걸리는 시간도 적어 넣었습니다.

종은이네 반 아이들은 모두 몇 명일까요? 또, 종은이네 집에서 15분 안에 갈 수 없는 집은 몇 군데일까요?

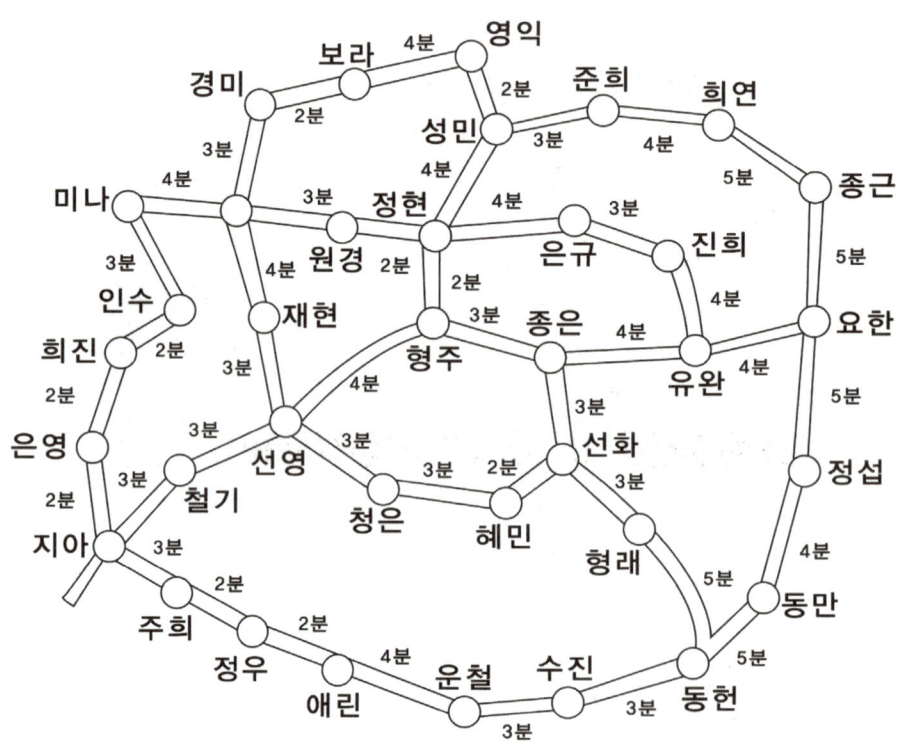

40 어느 쪽으로 갈까요?

출발하는 자리의 수에 옆이나 아래의 수를 더해서 나온 답이 있는 칸으로 가 보세요. 그 칸의 수에 다시 옆이나 아래의 수를 더해서 나온 답이 있는 칸으로 진행해 갑니다. 이렇게 도착 지점까지 무사히 가려면 어떤 길로 가는 것이 좋을까요? (단, 지나온 숫자를 더할 순 없습니다.)

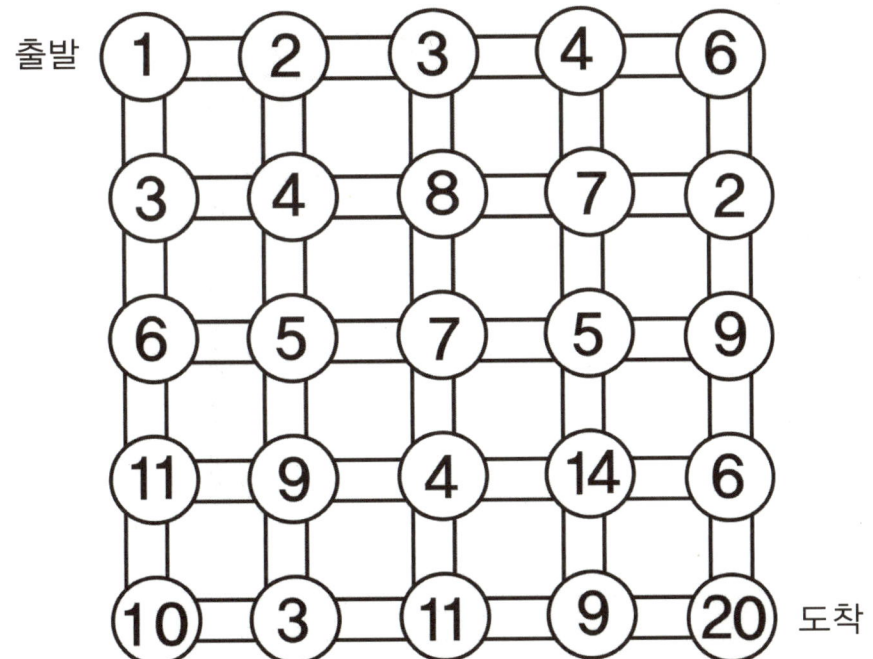

도형의 넓이

1. 넓이란 무엇일까?

점이 모이면 선이 되고, 선이 모이면 도형이 됩니다. 도형을 둘러싼 선의 길이를 알면 그 도형의 넓이를 구할 수 있습니다. 넓이를 구하는 법을 알아봅시다. 우선 모눈종이를 준비합니다. 모눈종이 한 칸의 길이는 1cm입니다.

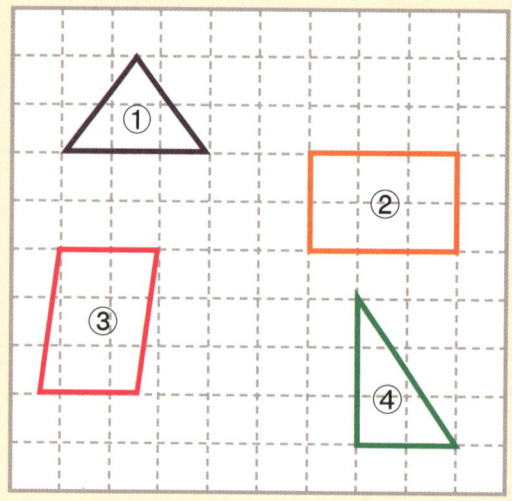

● ①부터 ④까지의 도형이 각각 모눈종이 몇 칸을 차지하고 있는지 세어 봅시다. 필요한 경우 도형을 잘라서 옮겨 붙여도 됩니다.

① : _____ 칸

② : _____ 칸

③ : _____ 칸

④ : _____ 칸

도형이 모눈 몇 칸을 차지하는지를 세어 보면 도형의 넓이를 구할 수 있습니다. 그러나 큰 도형인 경우에는 모눈 칸을 일일이 세기 어렵습니다. 그래서 넓이에는 다른 단위가 사용됩니다.

● 넓이를 표현하는 것으로 어떤 단위를 들어 보았나요?

_____

'칸' 대신 쓸 수 있는 단위를 알아봅시다.

$1cm^2$

> 한 변의 길이가 1cm인 정사각형(모눈동이 한 칸)의 넓이를 $1cm^2$라고 합니다.
> $1cm^2$는 '일 제곱센티미터'라고 읽습니다.

- 이번에는 ①부터 ⑤까지의 도형의 넓이를 cm2를 이용해서 나타내 봅시다. 모눈종이의 한 칸의 넓이가 1cm2인 걸 이용하면 쉽게 나타낼 수 있을 거예요.

① : _____

② : _____

③ : _____

④ : _____

2. 도형의 넓이 구하기

- 모눈종이에 그려진 도형의 넓이를 구하면서 혹시 눈치 챘었나요? 도형들의 가로, 세로의 길이(모눈 선의 개수)와 도형들의 넓이에 어떤 관계가 보이지 않나요? 한번 살펴봅시다.

① : 가로 : _____개, 세로 : _____개, 넓이 : _____

② : 가로 : _____개, 세로 : _____개, 넓이 : _____

③ : 가로 : _____개, 세로 : _____개, 넓이 : _____

④ : 가로 : _____개, 세로 : _____개, 넓이 : _____

- 모눈종이의 한 칸을 둘러싼 선의 길이는 1cm이므로 각 도형의 넓이와 선의 길이를 이용해 곱셈식으로 나타낼 수 있습니다. 다음을 잘 살펴보세요.

① : 3cm × 2cm ÷ 2 = 3cm²

② : 3cm × 2cm = 6cm²

③ : 2cm × 3cm = 6cm²

④ : 2cm × 3cm ÷ 2 = 3cm²

이 결과로 한 가지를 더 알 수 있습니다. 바로 ①, ④가 속하는 삼각형과 ②, ③이 속하는 사각형의 넓이를 구하는 방법이 다르다는 것입니다.

도형의 넓이

(삼각형의 밑변의 길이) × (삼각형의 높이의 길이) ÷ 2 = (삼각형의 넓이)

(사각형의 가로의 길이) × (사각형의 세로의 길이) = (사각형의 넓이)

(삼각형의 밑변과 마주 보는 꼭짓점에서 삼각형의 밑변에 내린 선 중 밑변과 직각이 되는 선을 높이라고 합니다.)

41 수 나누기

숫자 판 위에 여러 개의 칸이 있고 그림과 같이 숫자가 쓰여 있습니다. 이 숫자 판을 잘라서 두 개로 만들려고 하는데 잘라 낸 판의 수의 합이 서로 같아야 합니다. 어떻게 자르면 좋을까요?

1	3	9	1
2	4	1	2
8	5	2	4
7	3	6	8

42 성냥개비 놀이

아래 그림과 같이 성냥개비 12개로 정사각형 4개를 만들었습니다. 이 중 4개의 성냥개비를 옮겨서 크기가 같은 삼각형을 6개 만들어 보세요.

43 성냥개비 놀이

성냥개비 12개로 아래와 같은 모양을 만들었습니다. 여기에 성냥개비 4개를 보태어 정사각형이 10개가 되도록 해 보세요.(단, 성냥개비를 꺾거나 붙여서는 안 됩니다.)

44 집 속의 삼각형

삼각형으로 만든 집에서 크고 작은 삼각형을 있는 대로 찾아보세요.

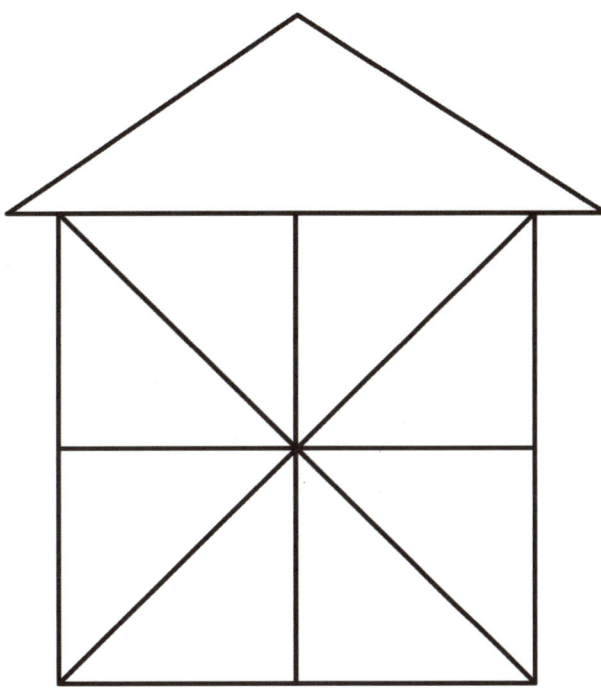

45 색종이 접기

색종이를 접어서 도형을 만들었습니다. 제일 큰 정사각형 ㉮는 제일 작은 정사각형 ㉲의 넓이보다 몇 배나 클까요?

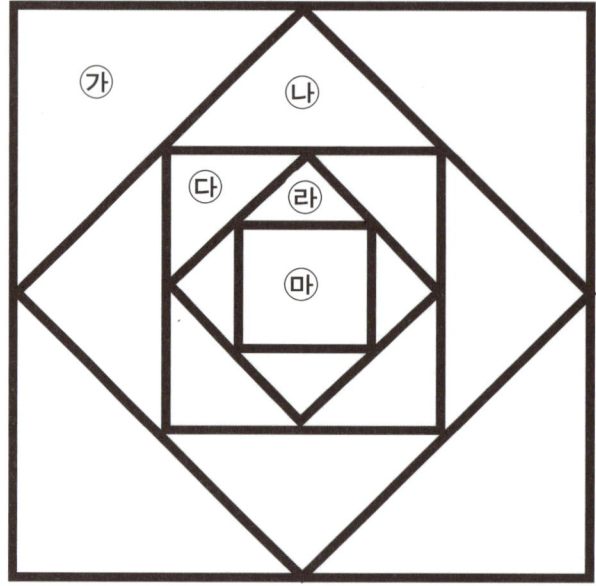

46 퍼즐 맞추기

다음 그림과 같이 가로 길이가 세로 길이의 2배인 사각형을 대각선으로 오려서 2개의 삼각형을 만듭니다. 이 삼각형을 5개 사용해서 1개의 정사각형을 만들어 보세요. 삼각형 중에서 1개는 둘로 나누어도 좋지만 나머지 삼각형은 자르지 말고 사용해야 합니다.

47 정사각형 만들기

다음 그림의 점을 선으로 잇고 선을 가위로 오려서 2개로 만들어 이으면 정사각형이 됩니다. 어떻게 하면 될까요?(정사각형을 만드는 데 쓰이지 않는 점도 있습니다.)

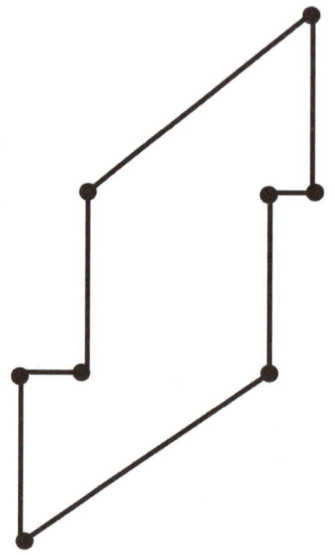

48 명사수의 활쏘기

점수판이 그림과 같이 놓여 있습니다. 가장 적게 쏴서 100점을 만들 때, 어떤 점수를 몇 번 골라 쏴야 할까요?

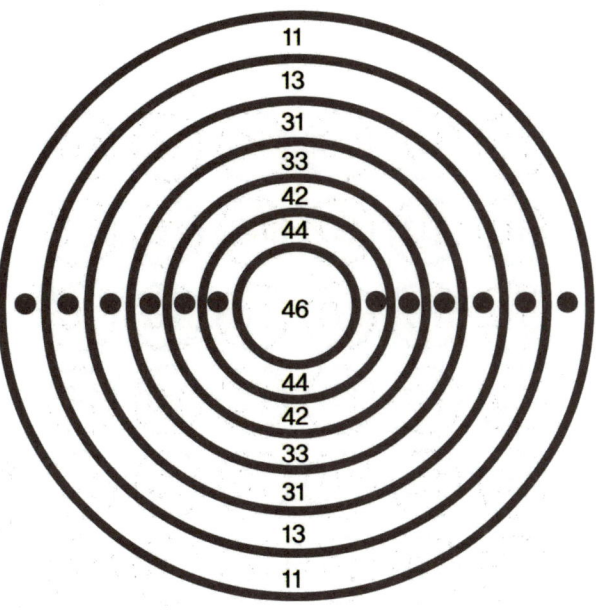

49 동전 놀이

미수는 아래의 그림과 같이 10원짜리 동전을 6개씩 6줄로 모두 36개를 놓았습니다. 가로, 세로, 대각선 어느 쪽으로 합해도 돈의 합이 40원이 되도록 하고 싶습니다. 어느 동전을 빼내어야 할까요?

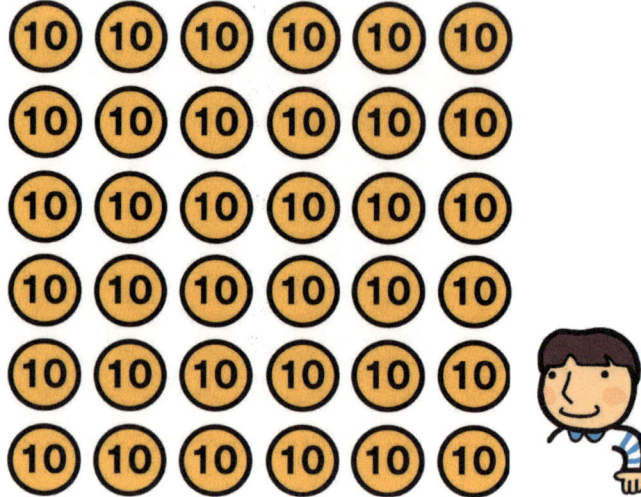

50 가로수 심기

84미터의 거리에 3미터 간격으로 한쪽에만 나무를 심는다면 몇 그루의 나무가 필요할까요?

51 카드 놀이

1에서 8까지의 수가 적힌 카드가 각각 4장씩 있습니다. 이것을 아래 그림과 같이 늘어놓았습니다. 각 행에는 1부터 8까지의 숫자 카드가 놓여 있습니다. 카드 ㉮~㉯는 뒤집어진 것입니다. 다음과 같은 조건일 때 ㉮~㉯는 어떤 수일까요?

[조건]
1. ㉮의 수는 5보다 작습니다.
2. ㉰의 수는 ㉱의 수보다 큽니다.
3. ㉳의 수는 2보다 크고 5보다 작습니다.
4. ㉵의 수는 3보다 크고 8보다 작습니다.

52 돈 계산하기

명수, 영희, 주연이가 각기 돈을 가지고 있습니다. 명수와 영희의 돈을 합하면 120원이고, 영희와 주연의 돈을 합하면 180원이며, 주연이와 명수의 돈을 합하면 100원이 됩니다. 누가 가장 적은 돈을 가지고 있고, 금액은 얼마나 될까요?

53 나무토막의 수

정사각형 모양으로 나무토막을 세어 갑니다. 나무토막이 다음과 같은 모양으로 늘어나면 여섯 번째에는 나무토막이 몇 개가 될까요?

54 똑같이 나누기

영수와 정희 앞에 과일 보자기가 3개씩 쌓여 있는데, 영수 앞에는 합해서 과일 85개가 있고 정희 앞에는 55개가 있습니다. 보자기를 풀지 않고 세 덩어리씩 다시 쌓아 양쪽의 개수를 똑같게 하려면 어떻게 쌓아야 할까요?

55 빈칸의 수 찾기

빈칸에 어떤 수들이 채워지면 가로, 세로, 대각선으로 세 수의 합이 같게 됩니다. 빈칸 ㉮와 ㉯에 알맞은 수는 얼마인가요?

12		16
	㉮	
14	13	㉯

56 곱셈의 수 넣기

1부터 9까지의 수 중에서 아직 쓰지 않은 수를 한 번씩만 써서, 전체의 계산이 올바르게 되도록 빈칸을 메워 보세요.

$$\begin{array}{r} 1\boxed{} \\ \times\ \ 4 \\ \hline 6\boxed{} \\ +\ \boxed{}5 \\ \hline 9\boxed{} \end{array}$$

57 숫자 바꾸기

1부터 16까지의 숫자가 있습니다. 가로, 세로, 대각선 어느 쪽으로 더해도 34가 되게 하려면 네 숫자의 자리를 서로 바꾸어야 합니다. 어느 숫자를 바꿔야 할까요?

1	15	14	12
4	6	7	3
8	10	11	5
13	9	2	16

58 바둑알 늘어놓기

경수와 길용이는 바둑알로 줄 맞추기를 하였습니다. 바둑알이 가로와 세로에 각각 30개씩 되도록 늘어놓으면 흰색과 검은색의 바둑알 중에서 어느 쪽이 몇 개 더 많을까요?

59 줄 세우기

영이네 학교 선생님은 체육 시간에 30명의 학생을 5명씩 나누어서 6줄로 나란히 세워 놓습니다. 오늘 6명의 학생이 체육 시간에 빠지는데, 선생님은 다른 때와 같이 각 줄을 5명씩으로 해서 6줄을 만들려고 합니다. 어떻게 해야 할까요?

60 삼각형의 개수

오각형 속에 별 모양을 그려 넣었습니다. 그런데 삼각형이 많이 생겨서 다 세어 보려고 합니다. 크고 작은 삼각형은 모두 몇 개일까요?

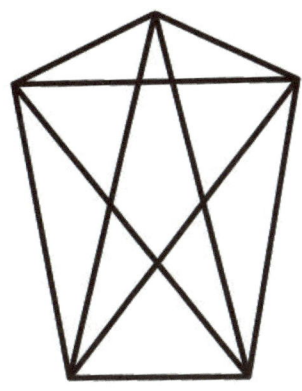

입체도형과 전개도

1. 직육면체와 정육면체

점이 모이면 선이 되고, 선이 모이면 도형이 되고, 도형이 여러 개가 모이면 입체도형이 됩니다. 입체도형이란 무엇일까요? 직육면체와 정육면체를 통해 입체도형을 쉽게 알아봅시다.

직사각형 6개로 둘러싸인 도형을 직육면체라고 합니다.

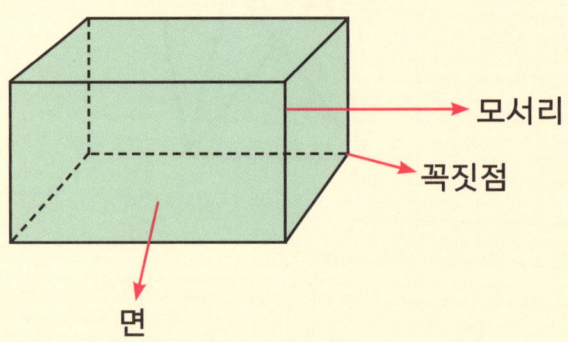

직육면체에서 선분으로 둘러싸인 부분을 면이라고 하고, 면과 면이 만나는 선분을 모서리라고 합니다. 그리고 모서리가 만나 생기는 점을 꼭짓점이라고 합니다.

● 직육면체의 면, 모서리, 꼭짓점의 개수는 각각 몇 개일까요?

모서리 : _____개   꼭짓점 : _____개   면 : _____개

한편, 정사각형 6개로 둘러싸인 도형은 정육면체라고 합니다. 직육면체와 모서리, 꼭짓점, 면의 개수가 같습니다.

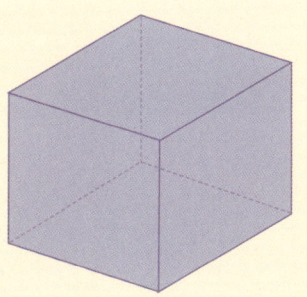

2. 육면체의 성질

 육면체의 마주보는 두 면처럼, 계속 늘려도 만나지 않는 두 면을 서로 평행하다고 합니다. 이 면을 밑면이라고 하며, 직육면체는 평행한 면이 3쌍이 있고, 각각의 쌍은 밑면이 될 수 있습니다. 그리고 이 밑면에 수직인 면은 옆면이라고 합니다.

3. 입체도형

 직육면체와 정육면체처럼 도형으로 둘러싸인 도형을 입체도형이라고 합니다. 완전히 동그란 공 모양만 빼고요. 예를 들어, 축구공은 오각형과 육각형으로 둘러싸인 입체도형으로 정이십면체입니다. 그 외에도 사면체, 팔면체, 완전히 동그란 공 모양인 구 등이 있습니다.

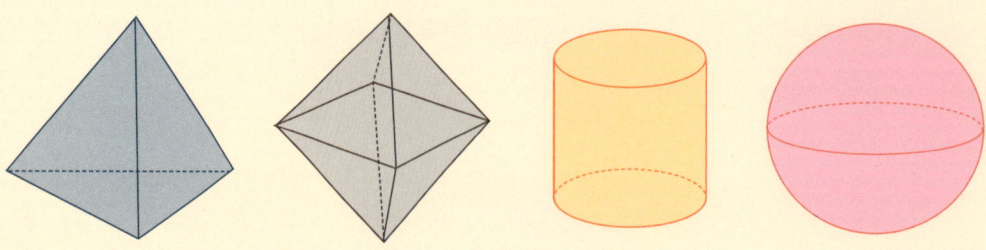

4. 전개도

정육면체나 직육면체의 모서리를 잘라서 한 면에 펼쳐놓은 것을 전개도라고 합니다.

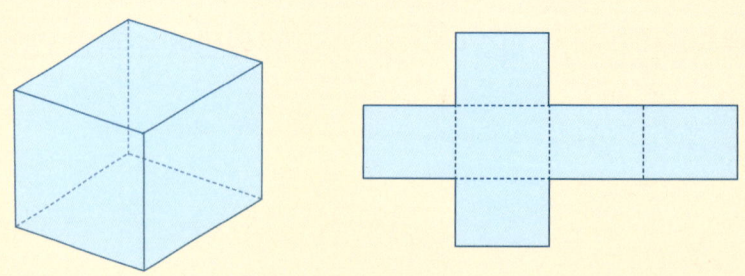

자른 모서리는 실선으로, 잘리지 않은 모서리는 점선으로 표현합니다.
입체도형을 전개도로 그릴 수도 있지만, 전개도를 접어서 입체도형을 만들 수도 있습니다. 입체도형을 전개도로 펼치고, 전개도를 보고 입체도형을 그리는 것을 연습해 볼까요?

① 입체도형을 전개도로

* 전개도를 그리세요.

② 전개도를 입체도형으로

연습을 통해 어떤 것을 알 수 있었나요? 맞습니다! 하나의 입체도형은 여러 가지 전개도가 나올 수가 있습니다. 다르게 말해서, 전개도가 다르다고 다른 입체도형이 만들어지지 않을 수도 있다는 것입니다.

입체도형과 전개도

한 가지 입체도형에서 여러 가지 전개도가 나올 수 있다.

다른 전개도로 접어도 같은 입체도형이 나올 수 있다.

7

```
  1     8
7    2
    6  ③
 4    ⑤
```

8

```
    10    7
  6   9   3
2   4   5   8
```

9

12, 5, 3, 11, 6
9, 8, 4, 7, 10

10

			14
8	6	4	18
9	7	5	21
3	2	1	6
20	15	10	16

11

			20
2	1	7	10
5	9	8	22
4	6	3	13
11	16	18	14

12

			13
7	1	6	14
8	5	9	22
2	4	3	9
17	10	18	15

생각이 쑥쑥 자라는 수학 퍼즐 정답

13

14

15

16

17

18

생각이 쑥쑥 자라는 수학 퍼즐 정답 159

생각이 쑥쑥 자라는 수학 퍼즐 정답

43

+	7	3	2	1	9	4	8	0	5	6
3	10	6	5	4	12	7	11	3	8	9
2	9	5	4	3	11	6	10	2	7	8
9	16	12	11	10	18	13	17	9	14	15
7	14	10	9	8	16	11	15	7	12	13
0	7	3	2	1	9	4	8	0	5	6
4	11	7	6	5	13	8	12	4	9	10
6	13	9	8	7	15	10	14	6	11	12
1	8	4	3	2	10	5	9	1	6	7
5	12	8	7	6	14	9	13	5	10	11
8	15	11	10	9	17	12	16	8	13	14

44

−	2	6	3	0	7	9	1	4	8	5
16	14	10	13	16	9	7	15	12	8	11
11	9	5	8	11	4	2	10	7	3	6
17	15	11	14	17	10	8	16	13	9	12
14	12	8	11	14	7	5	13	10	6	9
19	17	13	16	19	12	10	18	15	11	14
10	8	4	7	10	3	1	9	6	2	5
12	10	6	9	12	5	3	11	8	4	7
13	11	7	10	13	6	4	12	9	5	8
18	16	12	15	18	11	9	17	14	10	13
15	13	9	12	15	8	6	14	11	7	10

45

4를 10번 더한다

4
+4
8
+4
12
+4
16
+4
20
+4
24
+4
28
+4
32
+4
36
+4
40

46

40에서 4를 10번 뺀다

40
−4
36
−4
32
−4
28
−4
24
−4
20
−4
16
−4
12
−4
8
−4
4
−4
0

47

48

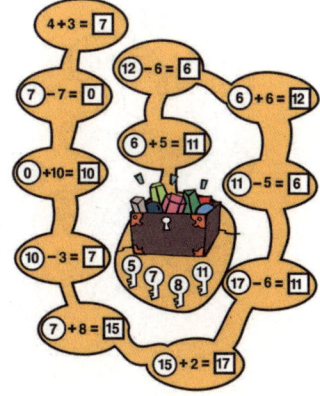

융합 사고력 퀴즈 정답

1

Hint
1. 동전 2개가 있어야 합니다.
2. 1개의 동전 주위를 다른 1개가 돌고 있습니다.
3. 동전 ㉮는 움직이면 안 됩니다.
4. 한 원이 다른 원의 주위를 돌 때는 겉으로 보는 회전보다 한 번 더 돕니다.

2번

2

Hint
1. 고정된 생각에서 벗어나야 합니다.
2. 반드시 사각형 모양을 갖춰야 하는 것은 아닙니다.

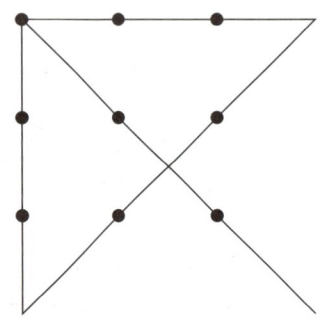

3

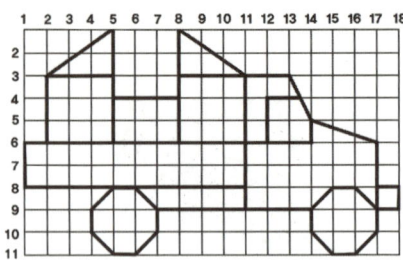

4

Hint
1. 3으로 나누어떨어진다는 말은 3으로 나누었을 때 나머지가 없다는 뜻입니다.

$$\begin{array}{r} 10 \\ 3\overline{)30} \\ \underline{30} \\ 0 \end{array}$$ ← 나머지가 없습니다.

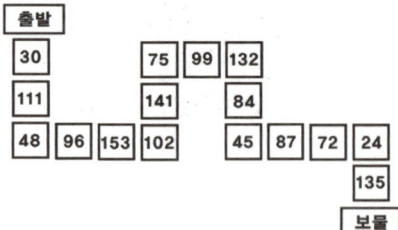

5

Hint
1. 성냥개비로 컵을 뒤집은 모양을 만들어 보세요.
2. 가장 왼쪽 컵의 성냥개비 3개를 오른쪽 끝으로 옮깁니다.
3. 각 컵의 바닥에 있는 성냥개비를 위쪽으로 옮겨 놓습니다.

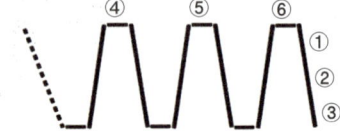

6

Hint
1. 어머니의 토지를 떼고 생각해 보세요.
2. 어머니의 땅은 정사각형이지만 다른 땅은 정사각형이 아닐 수도 있겠지요.

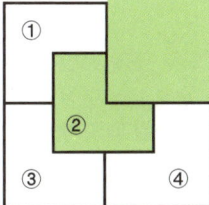

7

Hint
그림을 잘 살펴보세요.

어머니의 가방

8

Hint
1. 사용한 재료를 조사해 보면 쉽게 알 수 있습니다.
2. 모자가 있었습니까?
3. 단추가 있었습니까?
4. 남아 있는 것은 모두 몇 개입니까?
5. 사용한 것을 차례로 찾아보세요.

④번

9

Hint
1. 배 1개는 사과 1개와 복숭아 6개와 무게가 같습니다. 배를 사과 1개와 복숭아 6개로 바꾸면 사과 4개와 복숭아 6개는 복숭아 10개의 무게와 같습니다.
2. 양쪽에서 복숭아 6개를 빼면 나머지 사과 4개는 복숭아 4개와 무게가 같아집니다.
3. 따라서 사과 1개의 무게는 복숭아 1개의 무게와 같습니다.

복숭아 7개

10

Hint
1. (가)의 *는 양쪽에 같이 들어가는 수이므로
16+*+12=*+A+13
입니다.
따라서 A는 15입니다.
2. (나) 세 수의 합은
24+16+8=48이므로
두 수를 아는 줄부터
구합니다.
*는 48−(24+14)=10입니다.

(가)

16	17	12
11	15	19
18	13	14

(나)

8	22	18
26	16	6
14	10	24

11

Hint

1. (가) ☐−21−☐ 이므로 ☐에는 3과 7이 들어갑니다.
2. (나) ㉮에서 선으로 연결되지 않은 곳 ㉱에 2를 쓰고, ㉱에서 선이 직접 닿지 않은 곳 ㉯에 3을 씁니다. 4, 5, 6도 같은 방법으로 찾습니다.

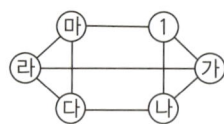

(가)
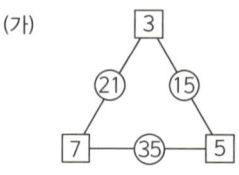

(나)
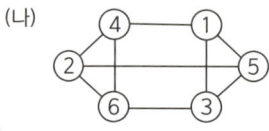

12

Hint

가장 작은 삼각형부터 차례로 수를 세어 갑니다.

4+3+2+4+3+2+1+1=20(개)

······4개 ······3개
······2개 ······4개
······3개 ······2개
······1개 ······1개

13

Hint

1. 야구공을 하늘로 던질 때와 땅으로 떨어질 때 그리는 포물선은 완전하게 대칭을 이룹니다.
2. 따라서 두 경우의 속력은 같습니다.

③번

수직으로 곧게 던진 야구공이 그리는 포물선은 완전하게 대칭을 이루기 때문에 던질 때와 떨어질 때의 속력은 같습니다.

14

Hint

1. 네모 칸에는 어떤 규칙에 따라 모양이 들어갑니다.
2. 가운데에 가로 선을 하나 그어 보세요.

(가)

(나)

(다)

15

Hint

1. 나무토막 탑에 빈틈이 없으므로 보이지 않는 부분도 생각해야 합니다.
2. 나무토막을 이용하여 여러 가지 다른 모양으로 직접 만들어 보세요.

(가) 1층+2층+3층
  =15+9+3
  =27(개)
(나) 1층+2층+3층+4층+5층
  =15+10+6+3+1
  =35(개)
(다) 1층+2층+3층+4층
  =20+12+6+2
  =40(개)

16

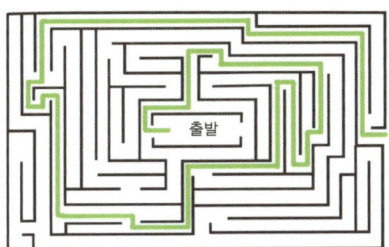

17 Hint

1. 대각선을 직접 그어 봅니다.
2. 육각형은 대각선이 9개이므로 +2, +3, +4 … 의 순으로 늘어납니다.
3. 사각형부터 차례로 세어 더하세요.

예) 육각형

도형	삼각형	사각형	오각형	육각형
대각선의 수	0	2	5	9

도형	삼각형	사각형	오각형	육각형	칠각형	팔각형	구각형	십각형	십일각형	십이각형
대각선의 수	0	2	5	9	14	20	27	35	44	54

3　4　5　6　7　8　9　10

18 Hint

1. 두 식을 잘 비교해 보세요.
2. ②식을 볼 때 △은 7입니다.
3. 7+□로 2가 될 수 있는 식은 5+7뿐입니다.

○ = 4
△ = 7
□ = 5

19 Hint

1. 가장 가까운 길은 직선입니다.
2. 직선을 그을 수 있는 것이 지름길입니다.
3. 꽃밭 안으로는 통과할 수 없습니다.

20 Hint

1. 여러 가지 가는 길이 있습니다
2. 각 길의 길이를 더해 보세요.
3. 여러 갈래의 길을 직접 계산해 보아야 합니다.

학교 → 서종이네 집 → 교회 → 소방서

21 Hint

1. 정사각형 1개를 만들려면 4개의 막대가 필요합니다.
2. 정사각형 2개는 6개의 막대로도 만들 수 있습니다.
3. 긴 막대의 길이가 짧은 막대 길이의 2배라는 점을 생각해 보세요.

22 Hint

1. 큰 바늘이 움직일 때는 작은 바늘도 함께 움직입니다.
2. 큰 바늘로는 무엇을 알 수 있을까요?
3. 작은 바늘만으로도 분까지 대략 알 수 있습니다.

(가) 8시　　　(나) 2시
(다) 5시 30분　(라) 10시 30분

23 Hint

나무토막을 잘 살펴보고, 보이지 않는 면까지 상상하며 입체적으로 생각해 보세요.

①과 ⑧　　②와 ⑦
③과 ⑤　　④와 ⑥

24 Hint

1. 일의 자리로 볼 때 ○+△+□=10+△이므로 ○+□=10입니다.
2. 1+△+□=10+△이므로 □=9입니다.
3. 1+○=△입니다.

○ = 1
△ = 2
□ = 9

25 Hint

1. 같은 카드를 여러 장 사용해도 됩니다.
2. 방향을 바꾸어 사용해 보세요.

3	3	1	6
4	2	2	4
1	5	4	4
1	3	1	3

26 Hint

1. 일, 십, 백의 자리를 정확하게 이해해야 합니다.
2. ○+△+□=□이므로 ○+△=10이 됩니다. ○와 △는 같은 숫자가 아니므로 둘 다 0이 아닙니다.
3. ○+△+□+1=10+○이므로 △+□+1=10이 됩니다. 따라서 □는 ○보다 1이 적습니다.
4. △는 1이 됩니다.

○ = 9
△ = 1
□ = 8

27 Hint

1. 트럼프를 사용해서 3개의 수를 더하는 연습입니다.
2. 우선 2개의 수를 앞에 놔두고, 거기다 몇을 더해야 15가 되는지를 생각해 보세요.

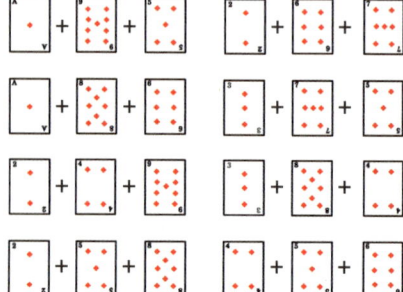

28 소

29 **Hint**
1. 땅을 여러 칸으로 나누어 생각해 보세요.
2. 땅을 나눌 때에는 같은 크기로 나누어야겠지요.

덜렁이 13개, 촐랑이 12개로 덜렁이가 이겼습니다.

30 **Hint**
1. 앞 수와 뒤 수의 관계를 잘 생각해 보세요.
2. 더해도 보고, 빼도 보고, 곱해도 보고, 나누어도 보세요.
3. 규칙을 발견하는 일은 그리 어렵지 않습니다.

18

3에서 8은 5,
8에서 12는 4,
12에서 15는 3,
15에서 17은 2만큼 늘어나고 있습니다.

31 **Hint**
1. 끝자리가 0이 되는 경우를 생각해 보세요.
2. 가운뎃자리가 10이 되는 경우를 생각해 보세요.
3. 앞의 자리도 10이 되어야겠지요.

```
 789          741
 456   ⇒    +369
 123         1110

 789          874
 456   ⇒    +236
 123         1110
```

32 **Hint**
1. 한 장소에서 선택할 수 있는 길은 두세 가지가 있습니다.
2. 각각 앞을 내다보면서 선택해 나가야 합니다.

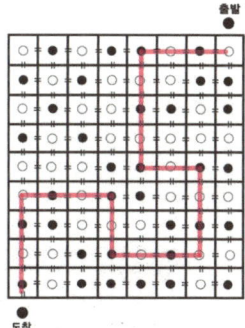

33 **Hint**
1. 향나무를 옮기지 않아야 합니다.
2. 연못을 2배로 넓혀야 합니다.

34 **Hint**
1. 막대는 4개뿐입니다.
2. 각각의 칸에는 1마리가 들어가야 합니다.
3. 바둑판을 생각해 보세요.

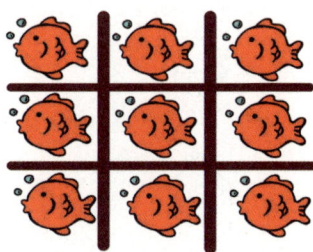

35 머리 좋아지는 수학

36 로켓

37 Hint
1. 삼각형으로 여러 가지 모양을 만들어 보세요.
2. 위치를 바꾸고, 어긋나게 놓거나 뒤집어 놓는 등 다양한 방법을 사용해 보세요.

38 Hint
1. 2씩 건너뛰어서 헤아려 봅니다.
2. 2에서 시작하니 짝수를 생각해 보세요.

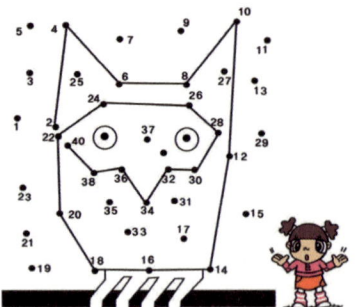

39 Hint
길에 색칠을 해 가며 생각해 보세요.

34명, 아홉 군데

인수, 희진, 은영, 주희, 정우, 애린, 운철, 동만, 희연이네 집은 종은이네 집에서 15분 안에 갈 수 없습니다.

40

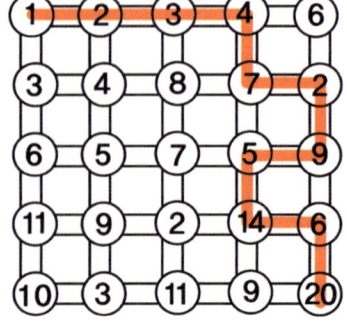

41 **Hint**
1. 제시한 조건을 곰곰히 생각해 보세요.
2. 두 조각의 수의 합은 같아야 하고, 조각의 모양은 상관이 없습니다.

42 **Hint**
1. 삼각형을 1개 만들려면 성냥개비가 몇 개 필요할까요?
2. 어느 성냥개비를 어디에 옮겨 놓을까 순서를 생각해서 놓아 보세요.

43 **Hint**
1. 반드시 정사각형이어야 합니다.
2. 정사각형의 크기가 정해진 것은 아닙니다.
3. 크기가 작든 크든 정사각형이면 모두 셉니다.

44 **Hint**
1. 삼각형 2개 이상이 합쳐진 것도 있습니다.
2. 삼각형이 1개인 것부터 셉니다.

17개

45 **Hint**
1. 정사각형 ㉺에 대각선을 그어 보세요.
2. 삼각형의 개수를 세어 봅니다.
3. 2배씩 늘어나는 규칙을 생각해 보세요.

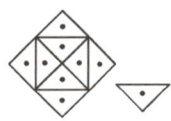

16배

2배, 4배, 8배, 16배로 늘어납니다.

46 **Hint**
1. 가위와 색종이를 가지고 해 보세요.
2. 큰 네모 속에 작은 네모를 만듭니다.
3. 1개의 삼각형은 둘로 자릅니다.

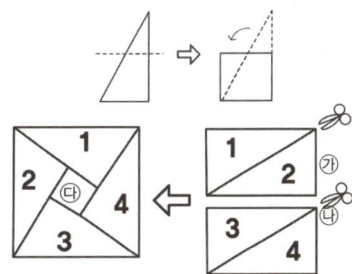

47

Hint
1. 도형의 모양을 조각조각으로 생각해서는 안 됩니다.
2. 서로 모서리의 각도가 맞는 곳을 찾아서 퍼즐을 끼우듯이 끼워 봅니다.
3. 색종이를 직접 오려 접어 보아도 좋겠지요.

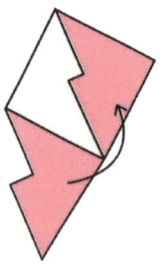

49

Hint
1. 한 줄이 40원이어야 합니다.
2. 가로, 세로, 대각선으로 놓인 동전 수가 각각 같아야 합니다.
3. 한 줄이 60원이므로 여기서 20원을 빼면 40원이 됩니다. 그러므로 2개씩 빼 보세요.

48

Hint
1. 각 점수별로 끝자리인 일의 자리를 맞추어 봅니다.
2. 순서대로 점수를 놓아 봅니다.
  89+11=100 (×)
  78+22=100 (○)
  67+33=100 (×)
3. 78=13+13+13+13+13+13
  13을 여섯 번 더하면 일의 자리가 8
  22=11+11
  11을 두 번 더하면 일의 자리가 2

13점짜리 6번, 11점짜리 2번

50

Hint
1. 가로수를 그려서 규칙을 찾아봅니다.
2. 제일 앞쪽에도 하나가 있어야겠지요.

29그루

84/3=28
28+1=29(그루)

51

㉮ - 2 ㉯ - 5 ㉰ - 7 ㉱ - 6
㉲ - 1 ㉳ - 3 ㉴ - 8 ㉵ - 4

52

Hint

대신할 조건을 찾습니다.
A + B   = 120
    B + C = 180
A +   C = 100

명수가 제일 적은 20원을 가지고 있습니다.

2A+2B+2C=400
A+B+C=200
A=20
B=100
C=80

54

Hint

1. 왼쪽과 오른쪽의 개수가 같아야 합니다.
2. 보자기를 풀면 안 됩니다.
3. 과일 개수를 모두 합한 뒤 영수와 정희가 나누어 가지도록 해야 합니다.
4. 영수 40+30+15=85(개), 정희 25+20+10=55(개)로 모두 140개입니다.
5. 똑같게 나누려면 70개씩 쌓아야겠지요.

양쪽이 각각 70개가 되도록 합니다.

53

Hint

1. 어떤 규칙으로 전개되는지 찾아내야 합니다.
2. 꼭지점의 4토막을 제외하면, 변에 있는 나무토막의 개수의 규칙을 찾을 수 있습니다.
3.

	첫째	둘째	셋째
꼭지점의 나무토막 수	4	4	4
꼭지점을 뺀 변의 나무토막 수	1×4	2×4	3×4
합계	4+1×4	4+2×4	4+3×4

4+6×4=28(개)

55

Hint

1. A는 공통이므로
   12+16=㉮+13입니다.
2. ㉮+13=28이므로
   ㉮는 15입니다.

12	A	16
	㉮	
14	13	

㉮=15, ㉯=18

12+16=㉮+13이므로 ㉮는 15입니다. 그러므로 대각선 세 수의 합은 45입니다.
㉯=45-(15+12)=18

56

Hint

1. 곱셈의 자릿수를 알아야 합니다.
2. 받아 올리는 수를 먼저 생각해야 합니다.
3. 한 가지 방법만으로 해결하려고 하면 생각의 뚜껑이 막혀 버려요. 다양한 방법을 생각해 보세요.

$$\begin{array}{r} 1\,7 \\ \times\quad 4 \\ \hline 6\,8 \\ +\ 2\,5 \\ \hline 9\,3 \end{array}$$

57

Hint

1. 두 숫자를 서로 두 번 바꾸어야 합니다.
2. 대각선으로도 34가 되어야 합니다.
3. 마방진으로도 풀 수 있습니다.

4와 12, 3과 9

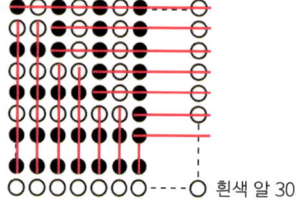

58

Hint

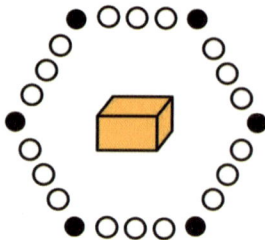
····· 흰색 알 30개

흰색 바둑알이 30개 더 많습니다.

59

Hint

1. 5명씩 6줄이나 6명씩 5줄은 모두 30명이 됩니다.
2. 30명에서 6명이 빠지므로 24명으로 6줄을 만들어야 합니다.
3. 6줄로 나누면 한 줄이 4명이 되므로 이를 5명이 되도록 만들어야 합니다.

육각형으로 줄을 세워서 한 줄에 5명이 서도록 합니다.

60

Hint

1. 삼각형이 너무 많아서 하나하나 세기는 어렵습니다.
2. 규칙을 찾아내야 합니다.
3. 1개짜리: 10개 3개짜리: 10개
   2개짜리: 10개 4개짜리: ( )개

1개짜리: 10개
2개짜리: 10개
3개짜리: 10개
4개짜리: 5개
합계: 35개

교과서 따라잡기 정답

여러 가지 도형

1. 원 알아보기
정답   피자, 풍선, 햇님 등

3. 삼각형과 사각형 알아보기
정답   샌드위치, 모니터, 별, 트라이앵글, 도리토스, 수박 자른 것, 책, 첵스 등

5. 오각형과 육각형 알아보기
정답   만화에 나오는 마법진, 별, 벌집, 눈 모양 등

7. 쌓기나무 개수 세기
정답   4개, 5개, 7개, 8개

각도

1. 각의 크기
정답   90°   41.5°   123°

3. 각도의 합과 차
정답   가 : 26°   나 : 67°   다 : 93°
　　　26 67 93
　　　가 : 26°   나 : 67°   다 : 41°
　　　67 26 41

삼각형과 사각형의 분류

1. 삼각형의 종류

정답 삼각형 안의 세 개의 각의 크기나 변의 길이의 차이 등

2. 사각형의 종류

정답 사각형 안의 세 개의 각의 크기나 변의 길이의 차이 등

도형의 넓이

1. 넓이란 무엇일까

정답 ① 3   ② 6   ③ 6   ④ 3

평, m² 등

① 3cm²   ② 6cm²   ③ 6cm²   ④ 3cm²

2. 도형의 넓이 구하기

정답 ① 3, 2, 3cm²
② 3, 2, 6cm²
③ 2, 3, 6cm²
④ 2, 3, 3cm²

입체도형과 전개도

1. 직육면체와 정육면체

정답 12, 8, 6

4. 전개도

정답

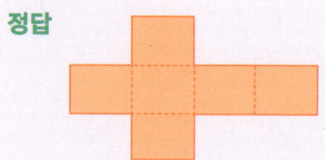

공부머리 좋아지는 수학 퍼즐 2
ⓒ 임용식, 2021

초판 1쇄 발행   2004년 5월 25일
개정판 1쇄 발행   2012년 5월 17일
개정2판 1쇄 인쇄   2021년 1월 25일
개정2판 1쇄 발행   2021년 2월 3일

지은이   임용식
펴낸이   강병철
주간   배주영
기획편집   권도민 이현지 박진희 손창민
디자인   서은영 김혜원
마케팅   이재욱 최금순 오세미 김하은 김경록 천옥현
제작   홍동근

펴낸곳   이지북
출판등록   1997년 11월 15일 제105-09-06199호
주소   (04047) 서울시 마포구 양화로6길 49
전화   편집부 (02)333-1776, 경영지원부 (02)325-6047
팩스   편집부 (02)324-2348, 경영지원부 (02)2648-1311
이메일   ezbook@jamobook.com

ISBN 978-89-5707-887-7 (74410)
     978-89-5707-884-6 (set)

잘못된 책은 교환해드립니다.

"콘텐츠로 만나는 새로운 세상, 콘텐츠를 만나는 새로운 방법, 책에 대한 새로운 생각"
이지북 출판사는 세상 모든 것에 대한 여러분의 소중한 콘텐츠를 기다립니다.
ezbook@jamobook.com

부록 1
칠교 퍼즐

선을 따라 자르면 칠교 조각이 만들어집니다. 조각의 크기는 문제와 다를 수 있습니다.